中等职业学校“十三五”系列规划教材

U0803638

QICHE WENHUA

汽车文化

主　编　侯思浩　尹　庆

副主编　孙鹏飞　田春会　车国柱
葛绍建　曹　彬　曹　伟
解　东　金子新　李　群
张　顺　方理想

合肥工业大学出版社

图书在版编目(CIP)数据

汽车文化/侯思浩,尹庆主编．—合肥:合肥工业大学出版社,2018.6
ISBN 978-7-5650-4022-1

Ⅰ.①汽…　Ⅱ.①侯…②尹…　Ⅲ.①汽车—文化—高等职业教育—教材
Ⅳ.①U46-05

中国版本图书馆CIP数据核字(2018)第124557号

汽　车　文　化

侯思浩　尹　庆　主编

责任编辑	张择瑞
出版发行	合肥工业大学出版社
地　　址	(230009)合肥市屯溪路193号
网　　址	www.hfutpress.com.cn
电　　话	理工编辑部:0551-62903204 市场营销部:0551-62903198
开　　本	710毫米×1010毫米　1/16
印　　张	9.25
字　　数	166千字
版　　次	2018年6月第1版
印　　次	2018年6月第1次印刷
印　　刷	安徽联众印刷有限公司
书　　号	ISBN 978-7-5650-4022-1
定　　价	48.00元

如果有影响阅读的印装质量问题,请与出版社市场营销部联系调换。

编写委员会

主　任　杜　牡

副主任　居　铭　王维峰

委　员　孙怀志　吴奎奎　林学会　安　雁

张　玲　王利中　孙化锋　葛绍建

张玉标　武兴军　颜张磊　郭海桥

沈超付　王朝阳　车国柱　田春会

吕　训　刘雪梅　李　艳　江杰明

米平安　朱铭静　葛　浩　宋　军

贾小利

前　言

汽车至今已经走过了100多年的发展历程。随着汽车工业的发展，汽车已经深深地融入到社会文化之中，并形成了独特的汽车文化。汽车已完成了由交通运输工具到生活必需品的转变，随着越来越多的汽车进入普通家庭，中国百姓对汽车的兴趣与日俱增。为了开阔中职生的视野，丰富校园文化生活，普及汽车基本知识，传播和弘扬汽车文化，我们精心编撰了此书。

为满足当前社会需要并结合高等职业教育学生实际情况，我们在编写过程中，注重做到理论与实践相结合、应知和应会相结合、传统技术与现代新技术相结合；注重知识体系的实用性，体现先进性，保证科学性，突出实践性，贯穿可操作性，反映了汽车工业的新知识、新技术、新工艺、新标准。本教材文字简洁，通俗易懂，以图代文，图文并茂，形象直观，形式生动，有利于培养学生的学习兴趣，提高学生的学习效果。本书内容主要包括汽车史话、汽车的基本知识、世界著名汽车公司及车标、汽车名人、汽车娱乐、汽车新技术与汽车未来。

本书在编写过程中，参考了部分同类教材、相关论文及专著，在此一并表示衷心的感谢！由于时间仓促，加上水平有限，书中不足之处在所难免，敬请广大读者批评指正。

编　者

2018年6月于安徽亳州新能源学校

目　　录

项目一　汽车史话

中华人民共和国国家标准 GB/T 3730.1—2001 中对汽车的定义为：自身带有动力装置，具有四个或四个以上车轮的非轨道承载的车辆，主要用于载运人员和（或）货物、牵引载运人员和（或）货物及其他特殊用途。

美国汽车工程师学会标准 SAE J687C 中对汽车的定义是：由本身动力驱动，装有驾驶装置，能在固定轨道以外的道路或地域上运送客货或牵引车辆的车辆。

日本工业标准 JIS-K-0101 中对汽车的定义是：自身装有发动机和操纵装置，不依靠固定轨道和架线仍能在陆上行驶的车辆。

由中国、美国、日本三国对汽车的定义可以看出，各个国家对汽车的定义有所区别，包含的内容也不尽相同，例如摩托车在中国不是汽车，但在美国和日本都属于汽车范畴。本项目从汽车发展的角度来分析汽车的起源和汽车工业发展情况。

活动一　汽车的起源

汽车作为现代高速行走机械，其发明、发展和完善经历了一个漫长的过程。下面，就让我们循着历史的足迹走进汽车的世界吧。

一、汽车的远祖

人类历史上的第一部车是中华民族的祖先发明的。在公元前 2000 多年的夏初大禹时代，有一个叫奚仲的人，他发明的车由两个车轮架起车轴，车轴固定在带辕的车架上，车架附有车箱，用来盛放货物。这就是世界上的第一辆车。

最初的车辆，都是由人力来推动的，称为人力车。后来人们开始用牛、马拉车，称为畜力车。据传说，畜力车是商汤的先祖相土和王亥共同发明的（图 1-1）。

在三国时期，有一位叫马钧的技术高明的大技师，他发明了指南车（图 1-2）。

图 1-1　畜力车

图 1-2　马钧发明的指南车（复制品）

在历代车辆发展过程中，有重要技术价值的还要数指南车和记里鼓车（图 1-3）。

记里鼓车（图 1-3）是早在公元 3 世纪时，中国发明的记录里程的仪器，可惜最初结构已失传，到宋代才由燕肃重新制造成功。

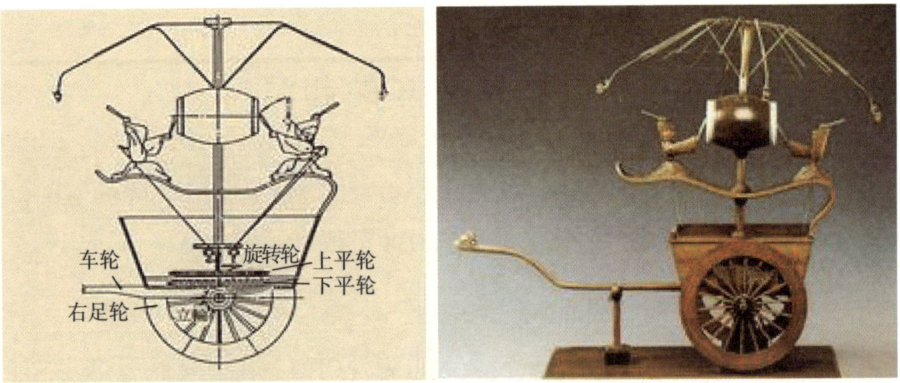

（a）示意图　　（b）复制品

图 1-3　记里鼓车

二、早期自走式车辆的幻想与探索

1420 年，有人制造出了一种滑轮车（图 1-4）。人坐在车内，借用人力使绳子不停地转动滑轮。

1649 年，德国一个钟表匠汉斯·郝丘制造了一台发条式的汽车（图 1－5）。

图 1－4　滑轮车

图 1－5　发条车

法国人居尼奥（Nicolas Joseph Cugnot）在 1769 年制成了世界上第一辆具有使用价值的蒸汽三轮车（图 1－6）。

图 1－6　蒸汽三轮车

1825 年英国公爵古涅（Goldsworthy Gurney）制成了第一辆蒸汽公共汽车（图 1－7）。

图 1－7　第一辆蒸汽公共汽车

这辆车的发动机装在后部，后轴驱动，前轴转向，采用了巧妙的专用转向轴设计，最前面两个轮并不承担车重，可由驾驶者利用方向舵柄轻便地转动，然后通过一个车辕，引导前轴转动，使转向可以轻松自如。1831 年古涅利用这辆车开始了世界上最早的公共汽车运营业务，所以这辆车也被认为是世界最早的公共汽车。

三、近代汽车的诞生与技术发展期

1. 近代汽车的诞生

蒸汽汽车的缺陷促使人们寻求一种质量轻、功率大、可直接使燃料在气缸中燃烧做功的内燃机来作为汽车动力。

1838 年，英国人巴尼特（Barnett）研制了原始的两冲程煤气机，后来英国人克拉（Clerk）试图进一步完善它，但都未能投入实际使用。

1860 年，法国人雷诺尔（Etienne Lenoir）终于制成了第一辆可供实际使用的常压煤气发动机，并申请了专利。当时的煤气机无压缩行程，煤气用电火花点火燃烧而产生动力。由于无压缩行程，这种发动机的热效率很低。

1862 年，法国人罗彻斯（Beau de Rochas）发表了四冲程发动机循环理论（该理论今天仍为内燃机所采用），并取得四冲程的专利。

1876 年，一直从事煤气机试验的德国人奥托（Nieolaus August Otto，图 1－8）运用循环理论，试制成功了第一台活塞与曲轴相结合，将煤气与空气的混合气经压缩冲程后再点火燃烧的往复式四冲程煤气机，为提高内燃机的效率开辟了新途径。

图 1－8　奥托

这种内燃机利用活塞往复四冲程，将进气、压缩、燃烧膨胀、排气四个过程融为一体，使内燃机结构简化、整体紧凑。

为了纪念奥托对内燃机发展所作的贡献，人们称这种循环为奥托循环。奥托本人的那个试制车间后来发展为赫赫有名的道依茨（DEUTZ）发动机公司。

随着石油开始取代煤气以及汽油汽化性好这一特点被研究者所注意，在奥托四冲程煤气机和梅巴克关于汽化器设想的基础上，1886 年，戴姆勒将他制造的排量为 0.46L、功率 0.82kW、转速 650r/min 的发动机（图 1－9）装在一辆据说由美国制造的马车上，最高车速达到 18km/h。这辆车被公认为是世界上第一辆汽油发动机驱动的四轮汽车（图 1－10）。

图 1－9　戴姆勒制造的汽油发动机

图 1－10　1886 年戴姆勒发明的装有汽油机的四轮汽车

也是在 1886 年，另一位德国人卡尔·本茨（Carl Benz，图 1－11）研制成功一台单缸两冲程汽油机，并将其装在一辆三轮车上于 1886 年进行了公开试车（图 1－12）。

图 1－11　卡尔·本茨

图 1－12　卡尔·本茨的妻子（贝尔塔）在试车

这辆车可以说是近代汽车的原型。该车的单缸机排量为 0.576L，输出功率约 0.52kW，转速为 300r/min，车速约 15km/h。具备了近代汽车的一些基本特点，如火花点火、水冷循环、钢管车架、后轮驱动、前轮转向、带制动手把等。

这辆车现保存在慕尼黑科学博物馆内（图 1－13）

图 1－13　1886 年卡尔·本茨制造的装有汽油机的三轮汽车

1886 年 1 月 29 日，卡尔·本茨向德国皇家专利局申请汽车专利，同年 11 月 2 日获得批准。

图 1－14 为属于卡尔·本茨的世界上第一张汽车专利证书，专利号为 37435，类别属于空气及气态动力机械类，专利名为气态发动机车。

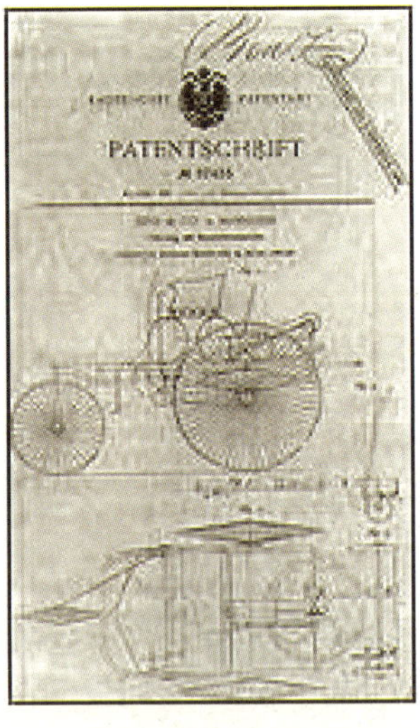

图 1－14　第一张汽车专利证书

为了纪念这两位天才的发明家，人们把戴姆勒和卡尔·本茨称为汽车之父，并把 1886 年作为现代汽车诞生元年。

2. 汽车的发展完善

德国人发明了汽车，但在促进汽车初期发展方面作出贡献最多的却是法国人。

1889 年法国人标致（Peugeot）研制成功齿轮变速器、差速器。

1891 年法国人首次采用前置发动机后轮驱动，开发出摩擦片式离合器。

1895 年法国人开发出充气式橡胶轮胎。

1898 年法国的雷诺 1 号车采用了箱式变速器、万向节传动轴和齿轮主减速器。

1902 年法国的狄第安采用了流传至今的狄第安后桥半独立悬架。

另外，德国在 1893 年发明了化油器；于 1896 年首次采用石棉制动片和转向盘。

在这一时期，车用汽油机逐渐完善起来，汽油气化与点火问题得到解决。然而，内燃机的冷却最初是用一根长而弯的管子让水循环流动来起到冷却效果的。1901 年，迈巴赫又发明了蜂窝状的冷却水箱，为高效率的冷却打下了基础。

早期的汽车是靠手摇转动曲轴来启动发动机的，这种方式既费力又不方便，需要两个人来配合。1917 年，美国凯迪莱克公司研制了第一个电启动器，它是用一个小电动机带动与曲轴相联的飞轮转动来启动发动机的。

虽然汽车已经发展起来了，但公路还是由碎石和泥土填成的，于是 1914 年开始出现了水泥路。

1924 年，意大利首先建造了高速公路，当然它还达不到现在高速公路的标准。1942 年，为了战时的需要，德国建筑了符合现代标准的高速公路。

以后，尤其是第二次世界大战之后，欧美各国都相继修筑大量的高速公路，其中美国的高速公路修得最长，长达 70000km。

活动二　现代汽车工业的发展

从第一辆汽车诞生至今已有一百多年的历史。这期间，汽车工业经历了规范化的变革、经济危机的打击和第二次世界大战后无节制的疯狂发展及市场的空前繁荣，从一国经济走向多国经济，成为世界上第一个全球性充满剧烈竞争的产业。目前，美国、日本和欧洲仍然是世界汽车生产中心。一百多年的汽车发展史表明，汽车诞生于德国，成长于法国，成熟于美国，兴旺于欧洲，挑战于日本。

一、单件小批生产

在欧洲，汽车诞生以后设计的指导思想主要是为了人们娱乐需求，所以研制的汽车都是轿车，而且是豪华型轿车，价格昂贵，一般人的经济条件难以承受，销售市场受到限制，产量不能大幅度提高。另外，汽车是一种结构复杂的大型机械产品，而当时世界上缺乏大量生产这种大型机械产品的技术条件，不可能形成汽车行业。

当时的汽车都是单件生产的。因为买车的人都是有钱人，他们不在乎售价，却要求有自己独特的形象，并希望在订购汽车时能直接与制造者联系，有时候汽车时速多少由买主来定。有人定做汽车就是为了参加赛车大赛，为了出名，就像得了赛马冠军的名马的主人那样。所以当时按统一设计制造的汽车最多不过50辆，当时没有市场调查这一说，都是按订单生产。

美国第一辆汽车比欧洲的第一辆汽车晚了7年，但和法国、德国相比，美国是个人口众多、物产丰富的大国。独立战争结束了殖民统治，南北战争又扫除了奴隶制和庄园制，西部土地的开发，自由劳动力和国内市场的扩大，促进了先进技术的应用和欧洲资本的流入，所有这些都为美国的经济发展创造了良好的条件。所以1889年美国的经济超过了英、法、德，成了世界最大的工农业国。农业发展的结果是农民埋怨缺乏从农场到市场，能代替自行车和马车的工具。

二、第一次变革——流水线大批量生产

福特于1903年成立了福特汽车公司，提出了将汽车奢侈品变成人们生活必需品的主张，要求汽车可靠、耐用、操作简便、售价低廉、使用和维护费用低。当时，福特致力于普及型轿车T型轿车的开发。

1908年秋，令人瞩目的福特T型车隆重问世了（图1-15)。T型车的各种零件被首次设计成统一规格，实现了总成互换；在大型总装车间，表中制造采用的总成配发被他发展成了由机械传送带运转零件和工具的流水线装配发，极大提高了工作效率。

图1-15 T型车

1913年福特公司在汽车城底特律市建成了世界上第一条汽车装配流水线，使T型汽车得以大批量生产，汽车装配时间从12.5h缩短到1.5h，售价从一开始的850美元每辆，降到360美元每辆。1915年，福特一个公司的汽车年产量就占美国汽车公司总产量的70%，从1908年到1927年，T型车共生产了1500多万辆。

T型车使福特获得了巨大的成功，为福特赢得了汽车大王的美誉。同时，T型车成为普通民众的交通工具，改变了人们的生活方式、思维方式和娱乐方式，

将人们带入汽车时代。福特生产 T 型车的经验不仅为美国，甚至为世界的汽车工业发展奠定了基础。巨大的国内市场使美国汽车工业获得了大发展，通用汽车公司、克莱斯勒公司等汽车公司纷纷建立，最多时全美国曾有 181 家汽车厂。

这一时期在汽车大规模生产的组织模式上出现了以福特公司为代表的全能厂模式和以通用汽车公司为代表的通用专业化协作，由一些汽车制造企业联合起来，建立集中管理和销售体系模式，并为世界上许多其他企业所效仿。

3. 第二次变革——汽车产品多样化

当时，欧洲各国的汽车制造厂虽不能在售价上与美国竞争，但他们凭借技术优势，在品种上、车型风格上、道路适应性上以及某些性能上具有特色，因此，也占据了一定的市场份额。有许多新技术，例如发动机前置前驱动、后置后驱动、承载式车身、节能型微型轿车等都首先出现在欧洲，这也是为欧洲汽车工业的大发展奠定了基础。

到 1966 年，欧洲汽车产量突破 1000 万辆，比 1966 年产量增长 5 倍，平均年长率为 10.6%，超过北美汽车产量，成为世界第二个汽车工业发展中心。到 1973 年，欧洲汽车产量又提高到 1500 万辆。世界汽车工业又由美国转回欧洲。

1972 年 2 月 17 日，甲壳虫生产量达 15007034 辆，成为世界上最畅销和最流行的车型（图 1－16）。

图 1－16 甲壳虫

4. 第三次变革——精益的生产方式

1950 年，朝鲜战役爆发。日本的特色地理位置使其成为美国军需的一个重要的供应地，美国为不景气的日本汽车工业输血，极大地刺激了日本汽车工业的发展。

以丰田汽车为代表的几家汽车公司，将“全面质量管理”和“即时生产系统”两种新型的管理机制应用于汽车生产。前者要求工人承担更多的责任，把生产质量放在首要位置；后者要求做好技术服务，推行精益求精的生产方式。两者紧密结合，相辅相成，推动了日本汽车工业的高速发展。

20 世纪 70 年代世界发生两次石油危机，油价的提高使欧美汽车生产商纷纷减产，而这时日本却以小型轿车油耗低的特点博得了消费者的青睐，3 年时间里日本汽车出口量翻了一番。丰田公司在 1972 年到 1976 年就生产出了 1000 万辆汽车。

1980 年，日本汽车总产量达到 1104 万辆，超过美国成为世界最大的汽车生产国和出口国，日本终于成为美国和欧洲之后世界第三个汽车工业发展中心（图 1－17）。

图 1－17 几类日系车车标

活动三　中国汽车发展史

一、无汽车工业时期

1901 年匈牙利商人李恩时从欧洲购进两辆汽车（Oldsmobile）到上海租界自备使用。1902 年，官拜直隶总督的袁世凯为了讨好慈禧，用 1 万两白银购进一辆第二代奔驰牌小轿车作为慈禧六十大寿的贡礼送给了慈禧太后，如图 1－18 所示。

图 1－18　慈禧太后专用车

1927 年，沈阳兵工厂以美国万国牌载货汽车为样车，根据中国的道路条件进行改进设计，于 1930 年试制成一辆 75 型民生牌载货汽车，如图 1－19 所示。接着又试制 100 型民生牌货车，并进行了小批量生产。1931 年“九一八”事变，日本帝国主义入侵东三省，扼杀了中国汽车工业的萌芽。

至 1949 年，我国历年累计进口汽车 7 万余辆，当时汽车的保有量 5 万余辆。

图 1－19　民生牌载货汽车

二、新中国的汽车工业

新中国成立后，党和国家领导人重视汽车工业的发展，努力构建了“一汽”这样的现代化汽车生产企业，同时建立了南汽、上汽、济汽、北汽等制造厂，形成了五个汽车生产基地。新中国的汽车工业，与共和国共命运，经过60多年的努力，发生了天翻地覆的变化。从一个曾经“是只有卡车没有轿车”“只有公车没有私车”“只有计划没有市场”的汽车工业，终于形成了一个种类比较齐全、生产能力不断增长、产品水平日益提高的汽车工业体系。回顾中国汽车工业60年来走过的路程，一步一个脚印，处处印证着各个历史时期的时代特色，经历了从无到有、从小到大的创建、成长和全面发展的三个历史阶段。

1. 创建阶段（1953—1965）

1953年7月15日在长春打下了第一根桩，拉开了新中国汽车工业筹建工作的帷幕（图1-20）。国产第一辆汽车于1956年7月13日驶下总装配生产线。这是由长春一汽生产的“解放牌”载货汽车（图1-21、图1-22），结束了中国不能制造汽车的历史，圆了中国人自己生产国产汽车之梦。

图1-20 长春第一汽车制造厂外景

2. 成长阶段（1966—1980）

1964年，国家确定在三线建设以生产越野汽车为主的第二汽车制造厂，二汽是我国汽车工业第二个生产基地，与一汽不同，二汽是依靠我国自己的力量创建起来的工厂（由国内自行设计、自己提供装备），采取了“包建”（专业对口老厂包建新厂、小厂包建大厂）和“聚宝”（国内的先进成果移植到二汽）的方法，同时在湖北省内外安排新建、扩建26个重点协作配套厂。一个崭新的大型汽车

图 1-21　一汽生产的“解放牌”载货汽车

图 1-22　第一辆载货汽车出厂外景

制造厂在湖北省十堰市兴建和投产，当时主要生产中型载货汽车和越野汽车。二汽拥有约 2 万台设备，100 多条自动生产线，只有 1% 的关键设备是引进的。二汽的建成，开创了中国汽车工业以自己的力量设计产品、确定工艺、制造设备、兴建工厂的纪录，检验了整个中国汽车工业和相关工业的水平，标志着中国汽车工业上了一个新台阶。图 1-23 为二汽生产的东风 140 货车。

在此期间，一汽、南汽、上汽、北汽和济汽 5 个老厂分别承担了包建和支援三线汽车厂（二汽、川汽、陕汽和陕齿）的建设任务，其自身投入技术改造扩大生产规模。地方发展汽车工业，几乎全部仿制国产车型重复生产，据粗略统计，解放牌车型 20 多家，北京 130 车型 20 多家，跃进车型近 20 家，北京越野车近 10 家。改装零产件品种增多，厂家增加到 2100 家。

图 1-23 为二汽生产的东风 140 货车

这一时期，由于当时全国汽车供不应求，再加上国家再次将企业下放给地方，因此中国汽车工业发展迎来了第二次热潮，1976 年，全国汽车生产厂家增加到 53 家，专用改装厂增加到 166 家，但每个厂平均产量不足千辆，大多数在低水平上重复。从 1964 年起，上海汽车厂批量生产了上海牌（原凤凰牌）轿车，逐渐形成 5000 辆的年产水平，同时，上海一批零部件厂和附配件厂也随着汽车工业的发展而相继成长。

汽车工业经过这一阶段的摸索成长，1980 年生产 22.2 万辆，是 1965 年产量的 5.48 倍；1966—1980 年生产各类汽车累计 163.9 万辆；汽车生产向多品种、专业化发展，生产厂点近 200 家；1980 年大中轻型客车生产 1.34 万辆，其中长途客车 6000 多辆；1980 年全国民用汽车保有量 169 万辆，其中载货汽车 148 万辆。

3. 发展完善阶段（1981—2000）

在改革开放方针指引下，汽车工业进入全面发展阶段。汽车老产品（解放、跃进、黄河车型）升级换代，结束了 30 年一贯制的历史；调整商用车产品结构，改变“缺重少轻”的生产格局；引进技术和资金，建设轿车工业，形成生产规模；行业管理体制和企业经营机制改革，汽车车型品种、质量和生产能力大幅增长。在这 20 年中，中国汽车工业发生了大变革，成为中国汽车工业的一个旧时代的结束和一个新时代开始的分水岭。

改革开放后，我国经济迅速发展，对轿车的需求越来越高，我国落后的轿车工业根本无法满足这种需求，外国轿车洪水般涌入我国。1984 年—1987 年，我国进口轿车 64 万辆，耗资 266 亿元，为了迅速提高中国轿车生产能力和技术水平，我国汽车工业开始走上与国外汽车企业合作、引进消化外国先进技术的发展道路。

图 1-24　1983 年合资生产的第一辆桑塔纳轿车

图 1-25　1986 年生产的广州标致 505

4. 全面超越阶段（2001 至今）

中国汽车经过 60 多年的发展，在 21 世纪形成了质与量的双重突破。现在世界汽车产量大概到了 8000 多万辆的水平。近几年来，世界汽车产量一直保持增长，主要是新兴市场的增长，包括俄罗斯、印度、巴西、中国，尤其是中国。

这些年我们国家汽车工业增长非常快，占到世界汽车产量的 23.5%。从国内市场看，我们已经连续四年达到世界销量第一位。2012 年我们产销量均达到了 1930 万辆。

2010 年以来我们国家比较依靠的是汽车出口，这几年出口量不断增长，到 2012 年突破历史最高水平，超过了一百万辆。

项目二　汽车的基本知识

活动一　汽车的分类

一、按照发动机位置和驱动方式分类

（1）发动机前置，前轮驱动车辆（FF）。由于 FF 车辆没有传动轴，故乘员室内宽敞、舒适。

图 2-1　发动机前置，前轮驱动车辆

（2）发动机前置，后轮驱动车辆（FR）。由于 FR 车辆有较好的重平衡，故其控制性和稳定性都很好。

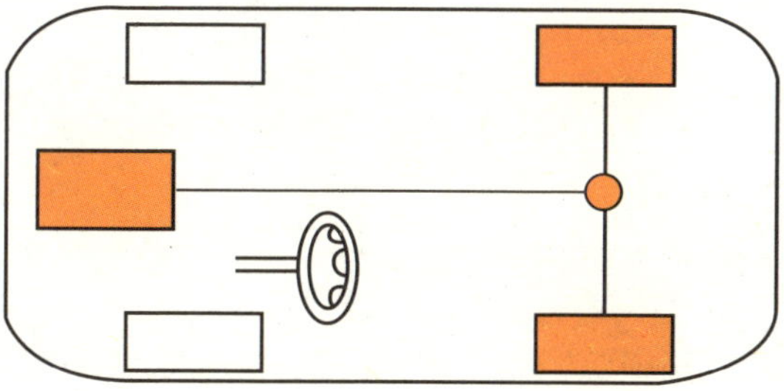

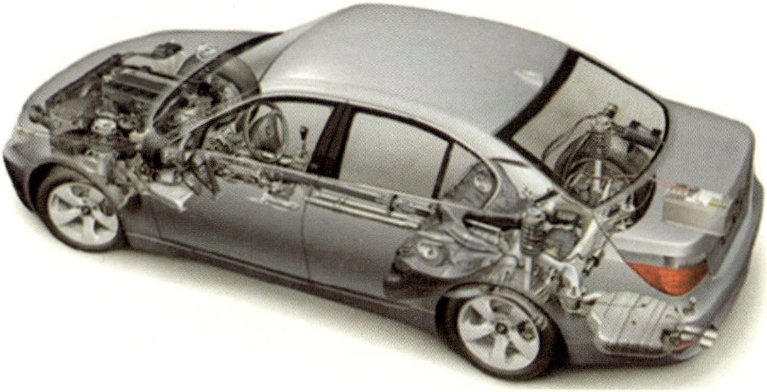

图 2-2　发动机前置，后轮驱动车辆

（3）发动机中置，后轮驱动车辆（MR）。由于 MR 车辆在前桥和后桥上有较好的重平衡，故其控制性很好。

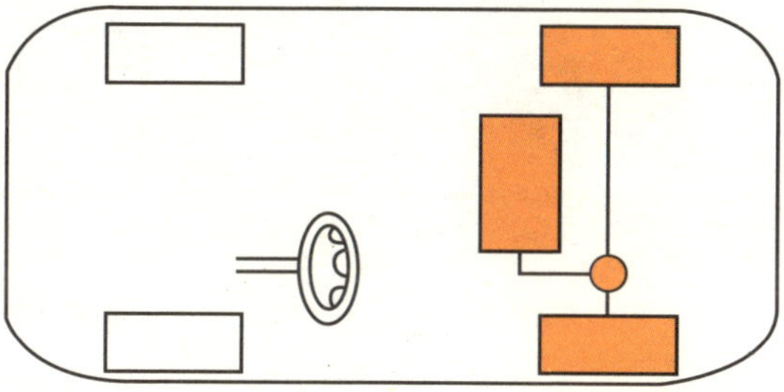

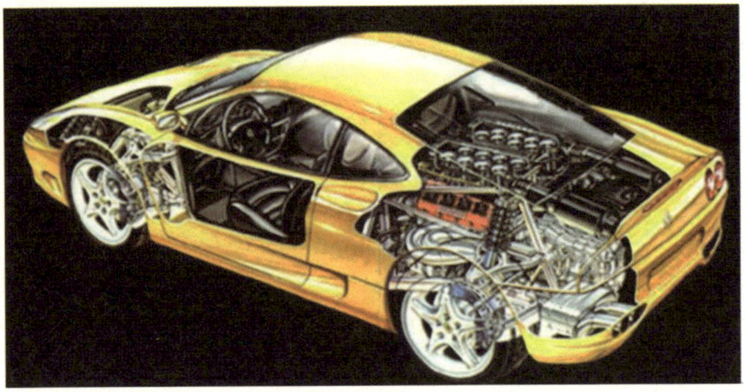

图 2 - 3　发动机中置，后轮驱动车辆

（4）发动机后置，后轮驱动车辆（RR）。由于 RR 车辆没有传动轴，且发动机置于车辆后方，故具有室内噪声低、有利于车身内部布置等优点。

图 2 - 4　发动机后置，后轮驱动车辆

（5）四轮驱动车辆（4WD）。由于4WD车辆的4个车轮均为驱动车轮，可在较差的路况下行驶，其稳定性很好。

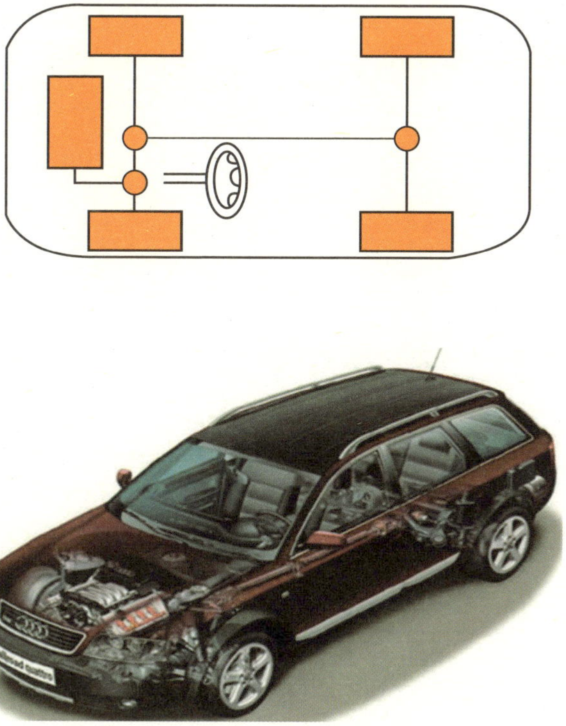

图2－5　四轮驱动车辆

二、按汽车用途分类

中华人民共和国GB/T3730.1—2001将汽车类型按用途划分为乘用车和商用车两大类。

1. 乘用车

乘用车（passenger vehicle）是在其设计和技术特性上主要用于载运乘客及其随身行李和/或临时物品的汽车，包括驾驶员座位在内最多不超过9个座位。它也可以牵引一辆挂车。乘用车涵盖了轿车、微型客车以及不超过9座的轻型客车。

2. 商用车

商用车（Commercial Vehicle）是在设计和技术特征上用于运送人员和货物的汽车。商用车包含了所有的载货汽车和9座以上的客车，分为客车、货车、半挂牵引车、客车非完整车辆和货车非完整车辆，共五类。在整个行业媒体中，商用车的概念主要是从其自身用途不同来定义的，习惯把商用车划分为客车和货车两大类。

三、按照驱动动力分类

(1) 汽油发动机车辆

这类车辆使用汽油发动机。因为汽油发动机可以产生高功率且外形紧凑，广泛用于轿车。

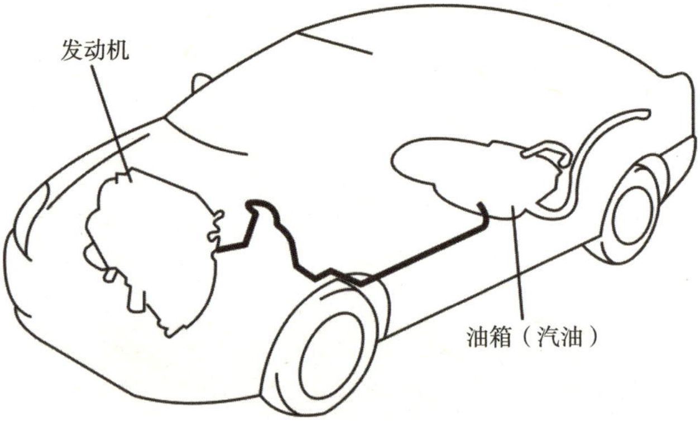

图 2-6　汽油发动机车辆

(2) 柴油发动机车辆

这类车辆使用柴油发动机。因为柴油发动机可以产生大转矩，燃油经济性好，广泛用于载货汽车和 SUV（多功能运动车）。

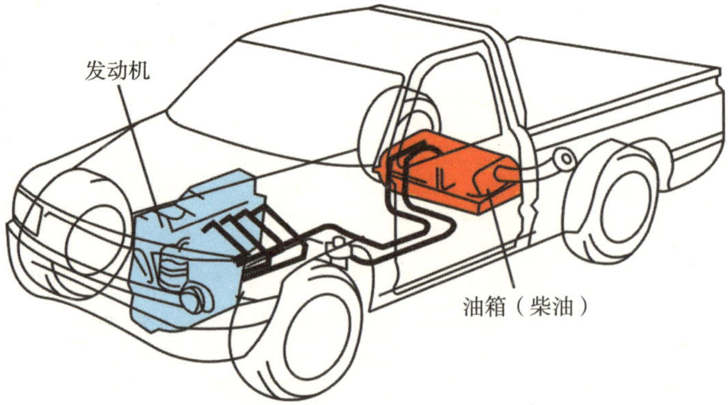

图 2-7　柴油发动机车辆

(3) 混合动力车辆

这种类型的车辆同时装备不同类型的驱动动力装置，如汽油发动机和电动机。因为汽油发动机可以发电，因此，这类车辆是不需要用电池充电的外接电源。车轮驱动系统使用 270V 电压，其他系统使用 12V 电压。

例如，在车辆低速运行时，使用能够产生高动力的电动机运转方式；而车辆加速时，汽油发动机在较高转速下以更高效的方式运转。通过这样的方式转换，实现两种动力类型的最佳利用，可以提高效率、减少废气排放、节约燃料。

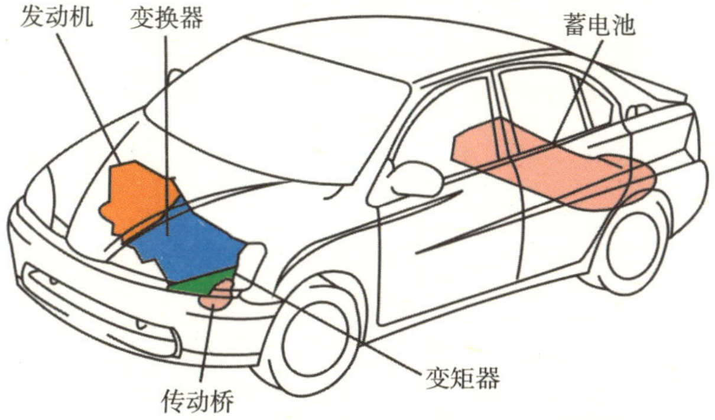

图 2-8　混合动力车辆

(4) 电动车辆 (EV)

这种类型的车辆使用电池电源运行电动机，电池需要充电。但它具有许多优点，如节约燃油资源、操作期间无废气排放、低噪声等。车轮驱动系统使用 290V 电压，其他电气系统使用 12V 电压。

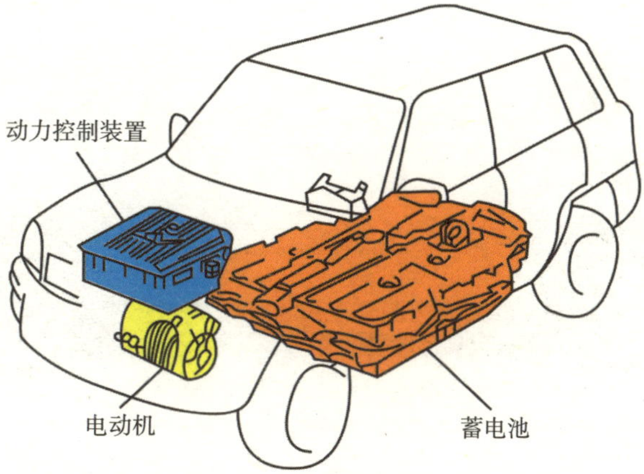

图 2-9　电动车辆

(5) 燃料电池复合动力车辆（FCHV）

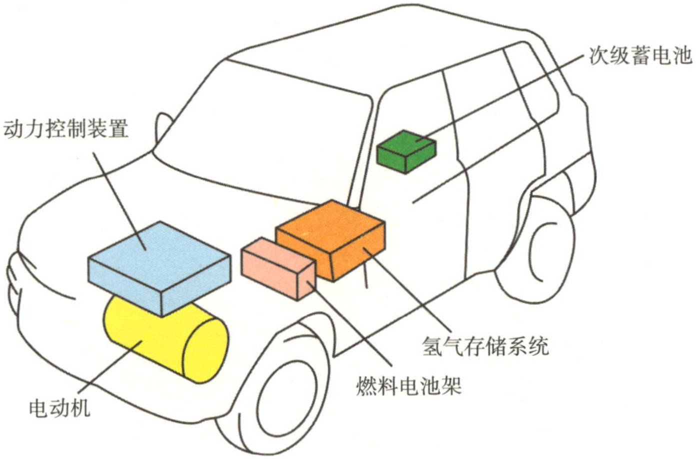

图 2-10　燃料电池复合动力车辆

四、欧系汽车的分类

(1) A 级车（包括 AO、AOO）

A 级车（包括 AO、AOO）是指小型轿车。

AOO 级轿车的轴距应为 2～2.2m，发动机排量小于 1L，例如奥拓、奇瑞 QQ、通用五菱 SPARK（图 2-11）就属于 AOO 级轿车。

图 2-11　AOO 级轿车（通用五菱 SPARK）

AO 级轿车的轴距为 2.2～2.3m，排量为 1～1.3L，比较典型的是两厢夏利轿车。一般所说的 A 级车其轴距为 2.3～2.45m，排量为 1.3～1.6L，德国大众的捷达、POLO（图 2－12）都算得上 A 级车当中的明星。

图 2－12　AO 级轿车（POLO）

（2）B 级车

B 级车是中档轿车。B 级车轴距为 2.45～2.6m，排量为 1.6～2.4L。

近年来，B 级车市场逐渐成为国内汽车企业拼杀的主战场，奥迪 A4（图 2－13）、帕萨特、中华骏捷、东方之子等众多车型均属于 B 级车阵营。

图 2－13　B 级车（奥迪 A4）

(3) C级车

C级车是高档轿车。C级车的轴距为2.6～2.8m，发动机排量为2.3～3.0L，国内名气最大的C级车非奥迪A6L（图2-14）莫属。

图2-14 C级车（奥迪A6L）

(4) D级车

D级车指的是豪华轿车。D级车大多外形气派，车内空间极为宽敞，发动机动力也非常强劲，其轴距一般均大于2.8m，排量基本都在3.0L以上。

目前，常见的D级车有奔驰S系列、宝马7系（图2-15）、奥迪A8和劳斯莱斯、宾利等几个品牌的车型。

图2-15 D级车（宝马760）

（5）E级车

E级车为高级车，如奔驰E级、E280（图2-16）和E200K。

图2-16　E级车（奔驰E280）

（6）F级车

F级车一般为赛车，如宝马索伯车队的F1赛车BMW Sauber F1.08（图2-17）。

图2-17　F级车（BMW Sauber F1.08）

活动二　汽车产品型号

1988年国家颁布了国家标准GB9417－88《汽车产品型号编制规则》。汽车产品型号应能表明汽车的厂牌、类型和主要特征参数等。该项国家标准规定，国家汽车型号均应由汉语拼音字母和阿拉伯数字组成。适用于设计定型的各类汽车和半挂车，不包括军事特种车辆。

一、中国汽车产品型号

（一）产品型号的组成

汽车的产品型号由企业名称代号、车辆类别代号、主参数代号、产品序号组成，必要时附加企自定代号。对于专用汽车及专用半挂车还应增加专用汽车分类代号。

1. 普通汽车

□□	○	○○	○	■■
a	b	c	d	e

（a：企业名称代号　b：车辆类别代号　c：主参数代号　d：产品序号　e：企业自定代号）

2. 专用汽车

□□	○	○○	○	□□□	■■
a	b	c	d	e	f

（a：企业名称代号　b：车辆类别代号　c：主参数代号　d：产品序号　e：专用汽车分类代号　f：企业自定代号）

备注：□用汉语拼音字母表示；○用阿拉伯数字表示；■用汉语拼音字母或阿拉伯数字均可。

（二）各种代（序）号的含义及规定

1. 企业名称代号

企业名称代号是识别车辆制造企业的代号，位于产品型号的第一部分，由两个或三个汉语拼音字母组成，例如CA表示第一汽车制造厂；EQ表示第二汽车制造厂；TJ表示天津汽车制造厂；XMQ表示厦门金龙旅行车制造有限公司；SVW表示上海大众汽车有限公司；FV表示一汽大众汽车有限公司；BJ表示北京汽车制造厂；SGM表示上海通用汽车有限公司。

2. 车辆类别代号

车辆类别代号是表明车辆附属分类的代号，各类汽车的类别代号位于产品型号的第二部分，如表 2-1 所示用一位阿位伯数字表示。

表 2-1　车辆类别代号

车辆类别代号	车辆种类	车辆类别代号	车辆种类	车辆类别代号	车辆种类
1	载货汽车	4	牵引汽车	7	轿车
2	越野汽车	5	专用汽车	8	
3	自卸汽车	6	客车	9	半挂车及专用半挂车

3. 主参数代号

4. 产品序号

5. 企业自定代号

6. 专用汽车分类代号

专用汽车分类代号用于反映车辆结构和用途特征，位于产品型号的第五部分，用三个汉语拼音表示，结构特征代号如表 2-2 规定，用途特征代号另行规定。

表 2-2　结构特征代号

厢式汽车	罐式汽车	专用自卸汽车	特种结构汽车	起重举升汽车	创棚式汽车
X	G	Z	T	J	C

（三）产品型号举例

1. TJ7131

TJ 代表天津汽车制造厂，7 代表轿车，13 代表排气量为 1.3L，1 代表该车为第二代产品。

2. XMQ6122

XMQ 代表厦门金龙旅行车制造有限公司，6 代表客车，12 代表车长为 12m，2 代表该车为第三代产品。

3. GA1091

CA 代表第一汽车制造厂，1 代表载货汽车，09 代表总质量为 9310kg，1 代表该车为第二代产品。

4. BJ2020

BJ 代表北京汽车制造厂，2 代表越野车，02 代表总质量为 2t，0 代表该车为第一代产品。

活动三　车辆识别代码

VIN (Vehicle Identification Number)，中文名叫车辆识别代号。或许你已经注意到，身边车辆的铭牌上多了一个由 17 位字母、数字组成的编码，这就是车辆的 VIN，又称 17 位识别代码。VIN 具有全球通用性，最大限度的信息承载性和可检索性，已成为全世界识别车辆唯一正确的“身份证”。当每辆汽车打上 VIN 代号后，其代号将伴随车辆的注册、保险、年检、保养、修理直至回收报废。VIN 可查询车辆的制造厂，销售商及车上的部件，可以帮助寻找失车的线索，因此 VIN 将是国家各部门各行业各用户管理、检索、统计、信息追踪及反馈的帮手，在进入信息化的现代社会，VIN 实际上已成为汽车管理必不可少的工具。

一、车辆识别代号的基本要求

(1) 每一辆汽车、挂车、摩托车和轻便摩托车都必须具有车辆识别代号。

(2) 在 30 年内生产的任何车辆的识别代号不得相同。

(3) 车辆识别代号应尽量位于车辆的前半部分，易于看到且能防止磨损或替换的部位。

(4) 9 座或 9 座以下的车辆和最大总质量小于或等于 3.5 吨的载货汽车的车辆识别代号应位于仪表板上，在白天日光照射下，观察者不需移动任何部件从车外即可分辨出车辆识别代号。

(5) 车辆识别代号的字码在任何情况下都应是字迹清楚、坚固耐久和不易替换的。车辆识别代号的字码高度：若直接打印在汽车和挂车（车架、车身等部件）上，最少应为 7mm 高，其他情况至少应为 4mm 高。

(6) 车辆识别代号仅能采用下列阿拉伯数字和大写拉丁字母：

1 2 3 4 5 6 7 8 9 0 A B C D E F G H J K L M N P R S T U V W X Y Z

(注意：VIN 不包含 I、O、Q 三个英文字母)

(7) 车辆识别代号在文件上表示时应写成一行，且不要空格，打印在车辆或车辆标牌上时也应标示在一行。特殊情况下，由于技术上的原因必须标示在两行时，两行之间不应有间隙，每行的开始与终止处应选用一个分隔符表示。分隔符是一种可用以分隔 VIN 代号的各个部分或用以规定 VIN 代号的界限（开始和终止）的符号，字码或实际界限。分隔符不能与阿拉伯数字或罗马字母混淆。

二、车辆识别代号的组成

车辆识别代号由三个部分组成：第一部分（前三位），世界制造厂识别代号（WMI）；第二部分（第 4 位～第 9 位），车辆说明部分（VDS）；第三部分（第 10 位～第 17 位），车辆指示部分（VIS）。

1. 第一部分：世界制造厂识别代号（WMI）

世界制造厂识别代号必须经过申请、批准和备案后方能使用。

第一个字码是标明一个地理区域的字母或数字，如非洲、亚洲、欧洲、大洋洲、北美洲和南美洲。

第二个字码是标明一个国家的字母或数字。在美国，汽车工程师协会（SAE）负责分配国家代码。

第三个字码是标明某个特定的制造厂的字母或数字，由各国的授权机构负责分配。

对于年产量≥500 辆的制造厂，世界制造厂识别号由以上所述的三位字码组成。对于年产量＜500 辆的制造厂，世界制造厂识别代号的第三位字码为数字 9。此时车辆指示部分的第三、四、五位将与第一部分的三位字码作为世界制造厂识别代号。

2. 第二部分：车辆说明部分（VDS）

车辆说明部分由六位字码组成，如果制造厂不用其中的一位或几位字码，应在该位置填入制造厂选定的字母或数字占位。此部分应能识别车辆的一般特性，包括车身类型、发动机型号、乘员保护系统类型、车辆等级等内容，其代号顺序由制造厂决定。

3. 第三部分：车辆指示部分（VIS）

车辆指示部分由八位字码组成，其最后四位字码应是数字。指示部分第一位字码指示年份，如表 2－3 所列，按规定使用（不能为数字 0、字母 I、O、Q、Z）。第二位字码可用来指示车辆装配厂，若无装配厂，制造厂可规定其他的内容。如果制造厂生产的某种类型的车辆年产量≥500 辆，第三至第八位字码表示生产顺序号；如果制造厂的年产量＜500 辆，则此部分的第三、四、五位字码应与第一部分的三位字码一起来表示一个车辆制造厂。

表 2－3　字码年份对照表

字码	年份	字码	年份	字码	年份	字码	年份	字码	年份
1	1971	9	1979	H	1987	S	1995	3	2003
2	1972	A	1980	J	1988	T	1996	4	2004

（续表）

字码	年份	字码	年份	字码	年份	字码	年份	字码	年份
3	1973	B	1981	K	1989	V	1997	5	2005
4	1974	C	1982	L	1990	W	1998	6	2006
5	1975	D	1983	M	1991	X	1999	7	2007
6	1976	E	1984	N	1992	T	2000	8	2008
7	1977	F	1985	P	1993	1	2001	9	2009
8	1978	G	1986	R	1994	2	2002	A	2010

项目三　世界著名汽车公司及车标

活动一　德国汽车公司及其车标

一、奥迪汽车公司

1899 年，汽车制造天才奥古斯特·霍希开创了奥迪的历史。在位于曼海姆的奔驰公司担任了多年车辆制造主管职务后，31 岁的霍希在科隆建立了自己的公司，着手实现他制造大型、大马力轿车的愿望。

1910 年，霍希创办了第二家霍希公司，却遭原公司的控告要求改名，后来有人将霍希“Horch”译成拉丁文奥迪“Audi”，从此开创了奥迪的历史，推出了各款汽车。

在 1932 年，奥迪公司（1909 年创建）、DKW 公司（1916 年创建）、汪德勒公司（1911 年创建）和霍希公司（1902 年创建）合并成汽车联合公司。1969 年，奥迪汽车公司由汽车联合公司和纳苏发动机股份公司合并而成，总部设在德国的因戈尔施塔特（Ingolstadt）。主要生产小轿车、发动机和三角转子发动机。

奥迪汽车公司是以四个连接在一起的圆环作为标志（图 3-1），意为四个公司的联合。从标志仿佛看到：兄弟四人正手挽着手、雄赳赳地向我们走来，表明团结就是力量。

四个相同的紧扣着的圆环，象征了公司成员向往平等、互利、协作的亲密关系和奋发向上的敬业精神。

图 3-1　奥迪汽车公司标志

每辆奥迪汽车的散热器前面和车尾都镶有奥迪公司的图形标志，1985 年又在车尾使用文字商标“Audi”。

奥迪汽车公司生产的车型有卡特罗、奥迪 A4、奥迪 A6、奥迪 A8 等。

二、宝马汽车公司

宝马汽车公司的前身是宝马飞机公司，后为巴依尔发动机公司（Bayerische Motoren Werhe），1918 年改为宝马汽车公司。

BMW 是巴依尔发动机公司“Bayerische Motoren Werhe”三个单词首位字母的缩写。宝马汽车公司以生产宝马跑车、宝马轿车、宝马摩托车为主，其产品享誉全球。

1916 年工程师卡尔·拉普和马克斯·佛里茨在慕尼黑创建巴依尔飞机公司；1917 年改为巴依尔发动机有限公司，这就是巴依尔公司简称（BMW）的来历；1918 年 8 月改为宝马汽车公司。

宝马公司历来以重视技术革新而闻名，不断为高性能高档汽车设定新标准。同时，宝马十分重视安全和环保问题。宝马在“主动安全性能”和“被动安全性能”方面的研究及其 FIRST（整体式道路安全系统）为公司赢得了声誉。

图 3-2　宝马汽车公司标志

目前，宝马汽车公司拥有 MINI、劳斯莱斯等品牌。宝马汽车公司主要生产 3 系列、5 系列、7 系列、Z3 系列、Z4 系列、8 系列、阿尔宾娜（Alpina）等车型。

三、大众汽车公司

大众汽车公司是世界十大汽车公司之一，创建于 1938 年德国的沃尔斯堡，创始人是世界著名的汽车设计大师波尔舍（Porsche）。大众汽车公司经营汽车产品占主要地位，是一个在全世界许多国家都有汽车活动的汽车集团。

大众汽车公司生产的车型有：甲壳虫（Beetle）、高尔夫（Golf）、捷达（Jetta）、帕萨特（Passat）、桑塔纳

图 3-3　大众汽车公司标志

(Santana)、波罗（Polo)、文托（Vento)、卡拉维拉（Caravelle）等。

目前拥有大众、本特利、斯柯达、兰伯基尼、布加蒂等品牌。

四、戴姆勒—奔驰汽车公司

戴姆勒—奔驰汽车公司是德国汽车制造业最大的垄断企业，是世界商用车最大的跨国集团。并且以生产优质、舒适、豪华汽车而闻名于世。

1886 年，现代汽车的发明人卡尔·本茨和戈特利布·戴姆勒相继成立了奔驰汽车公司和戴姆勒汽车公司。1901 年戴姆勒公司以驻法国总进口商杰里纳克女儿的名字命名的“梅塞德斯”小轿车投产后，名声大振。

图 3-4　三叉星商标图

从 1902 年起，该公司一直采用三叉星商标。而当时的奔驰公司的商标，最初是月桂枝包围的“奔驰（Benz)”字样。月桂代表着吉祥、胜利，因此，奔驰商标就像一顶桂冠，预示着该公司将会在汽车领域独占鳌头。

图 3-5　月桂树桂冠标志

图 3-6　立体商标

戴姆勒—奔驰汽车公司主要成员是由轿车部（总部在斯图加特的温特图克汉姆，生产 C、E、S、SL 级轿车，V 级多用途汽车（图 3-7)，SLK 小型运动车)、商用车部（生产载重车、公共汽车、大客车、发动机)、戴姆勒—奔驰部(默谢梅赛德斯—奔驰工业公司、戴姆勒—奔驰航空宇航公司、戴姆勒—奔驰特许服务中心和戴姆勒—奔驰工业公司）组成。

图 3-7　V 级奔驰汽车

活动二　美国汽车公司及其车标

一、福特汽车公司

福特汽车公司由亨利·福特先生创立于1903年，是世界最大的汽车企业之一。1908年福特汽车公司生产出世界上第一辆属于普通百姓的汽车——福特T型车，世界汽车工业革命就此开始。1913年，福特汽车公司又开发出了世界上第一条流水线，这一创举使T型车一共达到了1500万辆，缔造了一个世界纪录。福特先生为此被尊为“为世界装上轮子”的人。

时至今日，福特汽车公司仍然是世界一流的汽车企业，仍然坚守着亨利·福特先生开创的企业理念：“消费者是我们工作的中心所在，我们在工作中必须时刻想着我们的消费者，提供比竞争对手更好的产品和服务。”

图3-8　汽车公司的标志

目前，福特汽车公司拥有福特（Ford）、林肯（Lincoln）、水星（Mercury）、阿斯顿·马丁（AstonMartin）、美洲豹（Jaguar）、马自达（Mazda）、沃尔沃（Volvo）、陆虎（LandRover）和福特野马（Mustang）等众多著名品牌。

此外，还拥有世界最大的汽车信贷企业——福特信贷（Ford Financial），全球最大的汽车租赁公司——赫兹（Hertz）及汽车维修公司——Kwik-Fit。

二、通用汽车公司

通用汽车公司是世界上最大的汽车公司之一，其标志GM（图3-9）是英文名称（General Motor Corporation）的前两个单词的第一个字母。

通用汽车公司是由威廉·杜兰特于1908年9月在别克汽车公司的基础上发展起来的，成立于美国的汽车城底特律，现总部仍设在底特律。

通用汽车公司与菲亚特、铃木、五十铃、富士重工汽车公司结成合作伙伴关系。

目前，通用汽车公司有通用悍马、别克（图3-10）、雪佛兰（图3-11）、卡迪拉克（图3-12）、旁蒂克、欧宝、绅宝、富士重工、土星、奥兹莫比尔等品牌。

图 3-9　通用汽车公司标志

图 3-10　别克品牌标志

图 3-11　雪佛兰品牌标志

图 3-12　卡迪拉克品牌标志

活动三　日本汽车公司及其车标

一、丰田汽车公司

丰田汽车公司全名为 Toyota Motor Corporation，是由 1933 年丰田自动编织机制作所的汽车部发展起来的。1937 年丰田自动车工业公司正式创立，1938 年丰田汽车工厂正式投产，其车标如图 3-13 所示。

截至目前，丰田汽车公司在日本国内共有 10 个工厂，3700 个销售点，另在世界 20 个国家设有 27 个生产工厂，6700 个销售点。丰田汽车公司的汽车产品，有排量 1.3L 到 4.0L 的轿车，载重量 6t 以下的货车及 29 座以下的客车。

图 3-13　丰田汽车公司的商标

二、日产（Nissan）汽车公司

日产汽车公司全名是 Nissan Motor Co. Ltd，创立于 1933 年。该公司 1984 年有从业人员 6 万人，总资本为 4869 亿日元。1989 年日产公司汽车产量达 300.9 万辆，其中轿车为 197.2 万辆，是日本的第二大汽车产业集团，其车标如图 3-14 所示。

图 3-14　日产汽车公司的商标

日产集团在国内有 11 个汽车制造厂和 5 个装配厂、3000 个销售点，在世界 22 个国家共设有 27 个生产工厂，6500 个销售点。比较有代表性的车型有公爵王、帕拉丁、蓝鸟、骊威等。

日产集团除了生产轿车、载货汽车和客车之外，还生产叉车、纺织机械、船舶、船用动力、火箭等，非汽车经营销售额占 12.5%。

三、三菱（Mitsubishi）汽车公司

三菱汽车公司全名是 Mitsubishi Motors Corp，建立于 1970 年，车标如图 3－15 所示。

图 3－15　三菱汽车公司的商标

三菱汽车公司是由三菱重工业股份有限公司和美国克莱斯勒汽车公司合资经营的综合性汽车制造企业。

三菱汽车公司在韩国现代汽车公司持有 7.5%的资本，并提供小型轿车生产许可证。三菱汽车公司还为奔驰公司在西班牙的子公司提供发动机和生产技术。1985 年 4 月，三菱公司与克莱斯勒公司签署了在美国合资生产轿车的协议。

三菱汽车公司主要生产普及型轿车、微型载货车、重型载货车和大客车。三菱汽车公司在国内有 6 个生产厂，在 24 个国家设有 26 个组装厂。

四、本田技研（Honda）公司

本田技研公司全名是 Honda Motors Co. Ltd，中国亦称之为本田公司，创立于 1948 年，车标如图 3－16 所示。

图 3－16　本田公司的商标

本田技研公司是生产经营轻型汽车、两轮摩托车、耕耘机、通用发动机和发电机的综合性公司。该公司的两轮摩托车产量占世界摩托车总产量的 1/3 以上，是世界上最大的摩托车制造企业。

本田公司主要生产排量在 1.2～1.8L 的轿车和轻型载货汽车，也生产大客车。在日本国内共有 6 个制造厂，其中摩托车厂有 4 家。本田公司在 30 个国家建有 48 个从事汽车、摩托车和零部件生产的据点，其中汽车生产据点共 7 家，分设在 7 个国家。本田公司在国内共有销售点 2727 个，在国外共 820 个销售公司。

五、日本其他汽车公司

日本汽车公司除了以上四家主要生产厂家外，还有铃木汽车公司（Suzuki Motor Limited，图 3－17）、马自达汽车公司（Mazda Motor Company，图 3－18）、斯巴鲁汽车公司（Subara Motor Company，图 3－19）等。

图 3-17　铃木汽车公司标志

图 3-18　马自达汽车公司标志

图 3-19　斯巴鲁汽车公司标志

活动四　法国汽车公司及其车标

一、标致－雪铁龙集团（Peugeot Societe Anon Yme，简称 PSA）

1976 年，标致汽车公司和雪铁龙汽车公司合并成立标致－雪铁龙集团。标致汽车公司采用所在省蒙贝利亚尔省徽“狮子”作为标志（图 3－20），也是汽车产品的商标，喻示标致汽车永远保持旺盛的生命力。

雪铁龙汽车公司以创始人安东尼·雪铁龙（Andre Citroen）的姓氏而命名，是标致—雪铁龙集团的重要成员。

雪铁龙汽车公司以两个人字形齿轮重叠的两对齿作为公司标志和汽车商标（图 3－21），以纪念安东尼·雪铁龙于 1912 年发明了人字齿轮。

图 3－20　标致汽车公司标志

图 3－21　雪铁龙汽车公司标志

二、雷诺汽车公司

世界十大汽车公司之一，法国第二大汽车公司，创立于 1898 年，创始人是路易·雷诺，车标如图 3－22 所示。而今的雷诺汽车公司已被收为国有，是法国最大的国营企业，也是世界上以生产各型汽车为主，涉足发动机、农业机械、自动化设备、机床、电子业、塑料橡胶业的垄断工业集团。

雷诺公司第一次大发展是在第一次世界大战中，它为军队生产枪枝弹药、飞机并设计出轻型坦克车，这使雷诺公司大发战争财。二战期间，雷诺公司为德国法西斯效劳，为德国军队提供大量坦克、飞机发动机和其他武器。公司总部设在法国比杨古。

图 3－22　雷诺公司的商标

雷诺汽车公司汽车产品十分齐全，除小客车和载货车外，各种改装车、特种车应有尽有，在十大汽车公司也是独此一家。雷诺公司下分小客车、商用车、自动化设备以及工业产品四个部，统管国内外所有的子公司。

雷诺汽车公司的经典车型有雷诺 Cilo、雷诺 19、雷诺 25 型等。目前，雷诺汽车公司拥有有雷诺、日产等品牌。

活动五　中国汽车公司及其车标

中国主要合资汽车公司及车标

一汽大众奥迪	中国第一汽车集团与德国大众汽车股份公司合作	Audi 一汽-大众 FAW-VOLKSWAGEN
上海通用别克	上海汽车工业总公司与通用汽车公司组建	BUICK
华晨宝马	宝马集团与华晨中国汽车控股公司合作	BMW
上海大众	上海汽车公司与德国大众合作	
长安福特	福特汽车公司与长安汽车集团	Ford
北京现代	北京汽车投资有限公司与韩国现代合作	北京现代 Drive your way

一、一汽集团

一汽集团即解放汽车工业联营公司，组建于 1982 年，以第一汽车厂为主体，以解放牌汽车系列产品为龙头，由直属企业、合资企业和配套企业组成的多层次联合体。

一汽是我国最早生产汽车的工厂，是我国汽车工业的摇篮。一汽于 1986 年完成换型改造工程，形成年产 8 万辆 CA141 系列货车的生产规模。一汽与德国大众汽车公司合资成立一汽大众汽车有限公司，生产奥迪牌高级轿车和高尔夫、捷达牌普及型轿车。

一汽集团直属的主要汽车制造厂有：吉林轻型车厂、长春轻型车厂、青海汽车制造厂、无锡汽车制造厂、常州客车厂、大连柴油机厂、长春汽车发动机厂、哈尔滨汽车齿轮厂等。

一汽集团的标志是“第 1 汽车”中“1”“汽”两字的艺术化组合，置于隐喻地球的椭圆内，整个标志镶嵌在汽车的进气隔栅上（图 3 - 23）。

图 3 - 23　一汽集团的标志

一汽早期生产的解放牌货车，其标志为毛泽东主席手书的“解放”两字，周围以冲压的五角星、祥云为衬托，如图 3 - 24 所示。

在后期生产的红旗轿车上，又采用毛泽东主席手书的汉字“红旗”和置于椭圆内的阿拉伯数字“1”的组合图案以及立体的红旗为标志，如图 3 - 25 所示。

一汽集团的自有品牌有红旗明仕（图 3 - 26）、红旗世纪星、红旗旗舰等。在解放系列载货汽车和轻、微型客车中，解放 CA1091 和解放 J6（图 3 - 27）已经成为拳头产品，畅销不衰。

图 3-24　一汽早期生产的解放牌货车标志

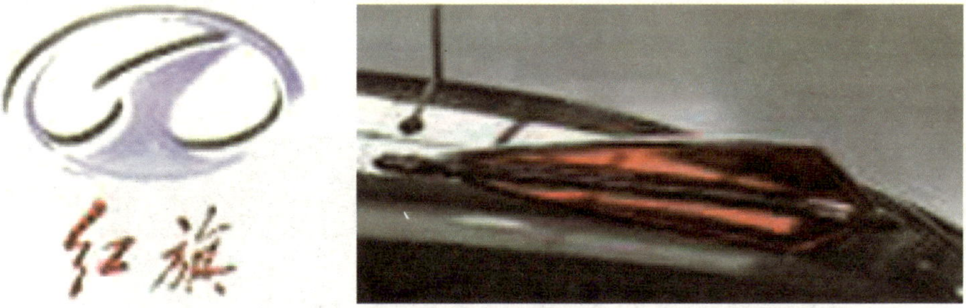

图 3-25　后期生产的红旗轿车标志

图 3-26　红旗明仕

图 3-27 解放 J6 重型货车

二、东风汽车公司

东风汽车公司（原中国第二汽车制造厂），是依靠我国自己的力量设计、建设和装备起来的汽车生产企业。拥有十堰、襄樊、武汉三大汽车生产基地，11 个专业厂，5 个全资和控股子公司，职工 13.3 万人，成为集生产、科研、开发、经营为一体的跨地区、跨行业的现代化汽车企业集团。东风汽车公司的标志如图 3-28 所示。

目前，东风公司拥有 28 个直属企业，54 个全资和控股子公司；年汽车生产能力逾 30 万辆；可为用户提供重、中、轻、轿四大系列 8 个基本车型，150 多种变型车、170 多种改装车，8 个系列 16 种发动机，是国内汽车行业生产品种最多、车型覆盖面最宽的企业。

东风公司始建于 1969 年。1975 年 7 月 1 日，第一个基本车型 2.5t 越野车 EQ240 生产能力初步形成。1978 年 7 月 15 日，第二基本车型 5t 民用载货车 EQ140 生产能力建成。1981 年，在国内率先成立企业集团——东风汽车工业联营公司（东风汽车集团）。

图 3-28 东风汽车公司的“双飞燕”标志

1992 年，二汽正式更名为东风汽车

公司。为适应市场结构调整，东风公司开展了以轻轿建设为重点的第三次创业。目前，东风公司的合资企业有神龙公司（与法国雪铁龙合作）、东风日产（与日本日产合作）、东风悦达起亚（与韩国起亚合作），子公司有东风康明斯发动机有限公司、东风襄樊专用汽车有限公司、汉阳特种汽车制造厂、杭州汽车制造厂、云南汽车厂、柳州汽车制造厂、郑州轻型汽车制造厂等。

图 3-29　镶嵌在汽车的进气隔栅上的东风标志

三、上海汽车工业（集团）公司

上海汽车工业（集团）公司的核心企业是上海汽车工业总公司与德国大众汽车公司等合资建立的上海大众汽车有限公司，该公司成立于 1985 年，生产桑塔纳牌轿车。

目前，上汽集团生产的主要车型有桑塔纳 2000、桑塔纳 3000、帕萨特、波罗、别克君威等。

四、天津一汽夏利汽车股份有限公司

天津一汽夏利汽车股份有限公司是中国第一汽车集团公司控股的经济型轿车制造企业，是一家集整车制造、发动机、变速器生产以及科研开发于一体的股份制公司。

公司的前身是天津汽车夏利股份有限公司，成立于 1997 年 8 月 28 日。

汽车夏利的车标如图 3-30 所示，其新车型夏利 N3 在国内微型轿车市场上一直产销两旺，发展势头良好。

2002年6月14日，中国第一汽车集团公司与天津汽车工业（集团）有限公司联合重组，一汽集团持有公司50.98%的股份，对公司拥有控股权，企业正式融入一汽体系之中，天津一汽夏利汽车股份有限公司由此得名。

公司目前主要拥有一个自有品牌（夏利）、三个合作品牌（威姿、雅酷、威乐）以及两个合资品牌（威驰、花冠），天内牌系列汽车发动机、天齿牌变速器也是企业的拳头产品。

图3-30　汽车夏利的车标

五、北京汽车工业控股有限责任公司

北京汽车工业控股有限责任公司（简称北汽控股公司）是由北京市人民政府投资，对原北京汽车工业集团总公司进行改制组建的国有独资公司。

目前，北汽控股公司所属全资、控股、参股的整车制造、零部件制造、汽车服务贸易和投资企业共32个，总资产约296亿元，员工总数4万多人。

北京汽车工业的发展已有40多年的历史。20世纪60年代以来，北京自主开发生产了BJ212越野车和BJ130轻型卡车，成为中国轻型汽车的生产基地。1984年1月，北京汽车与美国克莱斯勒公司共同投资成立中国第一个汽车整车制造合资企业——北京吉普汽车有限公司。至2004年9月，北京汽车已实现累计产销汽车300万辆。

北汽控股公司于2002年10月与韩国现代汽车集团共同组建北京现代汽车有限公司。

北汽控股公司与戴姆勒·克莱斯勒公司一直保持着良好的合作关系，2001年3月，双方续签了30年的新的合资合同，并与日本三菱汽车公司签订了帕杰罗、欧蓝德汽车技术转让协议。

现在，北汽控股公司已拥有克莱斯勒、Jeep、三菱、现代等国际品牌和北京、欧曼、时代、奥铃、风景、北汽福田等自主开发的民族品牌，实现了国际品牌和民族品牌比较完美的结合，形成了轿车、商用车、越野车的三大板块生产格局。

六、浙江吉利控股集团有限公司

浙江吉利控股集团有限公司是国内汽车行业十强中唯一一家民营轿车生产经营企业，始建于1986年，经过二十年的建设与发展，在汽车、摩托车、汽车发动机、变速器、汽车电子电气及汽车零部件方面取得辉煌业绩。吉利汽车的车标如图3-31所示。

图3-31　吉利汽车的标志

浙江吉利控股集团有限公司现有吉利豪情、美日、优利欧、美人豹、华普、自由舰、吉利金刚、吉利远景等八大系列30多个品种的轿车；拥有1.0L（三缸）、1.0L（四缸）、1.0LVVT-1、1.3L、1.5L、1.6L、1.8L、1.8LVVT-1等八大系列发动机；拥有JLS160、JLS160A、JLS110、JLS170、JLS90、Z110、Z130、Z170等八大系列变速器。上述产品均已通过国家的3C认证，并达到欧III排放标准，其中1.0L（四缸）、1.0LVVT-1发动机已经达到欧IV标准。吉利拥有上述产品的完全自主知识产权。

浙江吉利控股集团有限公司在临海建立了吉利汽车轿车开发中心和试验中心；在上海建立了新能源、清洁燃料、混合动力、电动汽车及经典车型研发中心；在宁波建立了发动机研究所、变速器研究所；在路桥建立了电子电器研究所。为加大自主创新步伐，吉利集团正在筹建一个集成世界先进技术的开放型研发中心和一个创新成果应用平台。

七、奇瑞汽车有限公司

奇瑞汽车有限公司于1997年注册成立，1997年3月18日动工建设，1999年12月18日，第一辆奇瑞轿车下线。2007年8月22日，奇瑞公司第100万辆汽车下线，标志着奇瑞已经实现了通过自主创新打造自主品牌的第一阶段目标，正朝着通过开放创新打造自主国际名牌的新目标迈进。

图3-32　奇瑞汽车公司的标志

奇瑞公司现有轿车公司、发动机公司、变速箱公司、汽车工程研究总院、规划设计院、试验技术中心等生产、研发单位，具备年产整车65万辆、发动机40万台和变速箱30万套的生产能力。

现已投放市场的整车有QQ3、QQ6、A1、瑞麒2、开瑞3、A5、瑞虎3、东方之子、旗云、东方之子Cross等十个系列数十款产品。

目前，奇瑞已向全球60余个国家和地区出口产品，轿车出口量连续5年稳居中国第一。2007年，奇瑞还先后与美国量子、克莱斯勒，意大利菲亚特等企业建立合作合资关系，开创了中国汽车工业跨国合作的新阶段。

八、沈阳华晨金杯汽车有限公司

沈阳华晨金杯汽车有限公司的前身是沈阳金杯客车制造有限公司，于2003年1月正式更名，是华晨中国汽车控股有限公司的核心生产企业。

沈阳金杯客车制造有限公司是由华晨中国汽车控股有限公司与沈阳金杯汽车股份有限公司投资组建的合资企业，成立于1991年7月22日。

华晨金杯拥有两个整车品牌、三大整车产品。这两个整车品牌即“中华（图3－33)”和“金杯（图3－34)”系列；三大整车产品包括拥有自主品牌的中华轿车、国内同类车型中市场占有率接近60%的金杯海狮轻型客车、引进丰田高端技术生产的金杯阁瑞斯多功能商务车。

图3－33　中华汽车车标

图3－34　金杯汽车车标

除上述汽车公司之外，我国较大的汽车生产企业还有重庆汽车制造厂（庆铃汽车公司)、广州本田汽车有限公司、江铃汽车集团公司等。

活动六　经典名车

一、恩佐·法拉利

恩佐·法拉利跑车（图 3－35）以法拉利公司创始人恩佐·法拉利（Enzo Ferrari）的名字命名的，以纪念他在公司的卓越成就，并将此产品作为礼物来见证恩佐不朽的远见，即将跑车与技术先进的赛车相结合的思想。

图 3－35　恩佐·法拉利跑车

恩佐·法拉利跑车充分融合了世界顶尖的 F1 技术，6L 12 缸的发动机，最大功率高达 478kW，最高时速达到 351km/h，0～100km/h 加速时间仅为 3.6s，售价 65.2 万美元。

二、兰博基尼

兰博基尼（图 3－36）是一款典型的男士跑车，并不仅是因为它外貌阳刚，也因为它的各项操作都比一般跑车沉重。

兰博基尼跑车车身总质量为 1655kg，车头占 40％的重量，再加上 245mm 宽的轮胎，使得兰博基尼的操作较为费力；另一方面由于 5.7L 的中置发动机过于靠近驾驶员，其散发出大量的热能，就算开了空调，驾驶这辆车也会浑身大汗的。这也是人们一直称道的，开兰博基尼就是要追求拉风度不讲究舒适度的重要原因。

兰博基尼跑车的方向盘是特别为高速而设计，没有转向助力，没有一点虚位（方向盘余量），转动一点点就会影响车身；只要路面有少许坑洼，就要不停转动方向盘。

图 3-36 兰博基尼跑车

兰博基尼跑车是典型中置发动机跑车，抓地能力极强，很容易用油门加油入弯然后突然收油的方式来实现刻意甩尾（飘移）。

另外，由于车型的原因，兰博基尼的后视镜基本上形同虚设，根本看不到后方路况。对此公司的解释是："在公路上，不会有哪辆车开得比兰博基尼更快。所以，兰博基尼的驾驶员只需要看前方即可，无须后视！"

兰博基尼跑车的 0～100km/h 加速时间为 3.9s，极速 328km/h，售价 67 万美元。

三、奔驰 SLR

奔驰 SLR 跑车（图 3-37）装备的是一款由 AMG 提供的 5.4L V8 发动机，带机械增压器，最大功率 460kW/6500rpm，最大扭矩 780Nm/3250rpm。机油润滑改为干式油底壳，用独立的油箱取代油池，增压器也加大了。

图 3-37 奔驰 SLR 跑车

尽管奔驰 SLR 属于超级跑车之列，但为了强调奔驰惯有的舒适，还是配备了 5 挡自动变速器。同时，拥有可电动调节的座位、GPS 全球卫星定位、Bose 音响、电动方向盘调节、安全气囊（前面、侧面、头部和膝部）、左右分区的自动空调等。

奔驰 SLR 跑车 0～100km/h 的加速时间为 3.8s，极速 320km/h，售价 55 万美元。

四、保时捷 Carrera GT

Carrera GT 跑车（图 3－38）的卖点之一就是位于驾驶员座舱后部的 5.7L 10 缸发动机，该发动机作为一流的赛车动力系统参加勒芒 24 小时全天赛车比赛，表现优异。

图 3－38　保时捷 Carrera GT 跑车

Carrera GT 跑车发动机最大输出功率 450kw/8000rpm，最大输出扭矩 590Nm/5750rpm，最高速度为 330km/h。尽管 Carrera GT 具有赛车特征，10 缸发动机在低速运转时也完全适合于日常的驾车。

发动机的运转声非常悦耳，而且转速越高越好听。6 挡手动变速器是特意为 Carrera GT 生产的，横向布置在汽车的后部，能将发动机澎湃的动力平滑、连续地传递给道路。

Carrera GT 跑车 0～100km/h 加速时间为 3.9s，极速 330km/h，售价 45 万美元。

五、宾利欧陆 GT

宾利欧陆 GT（图 3－39）拥有多项技术革新和突破，应用了当今汽车制造业的尖端技术。W 型 12 缸 6L 双涡轮增压发动机，是世界上最短的 12 缸汽车发动机。欧陆 GT 是全世界真正四座跑车的速度之王：极速达 318km/h。从 0～100km/h 加速时间仅为 4.8s。同时，欧陆 GT 还是全世界最大功率和最低转速高扭矩的限量车型，最大的功率可达 411kW/6100rpm，最大扭矩为 650Nm/1600rpm。

图 3－39　宾利欧陆 GT

在获得最大马力和最高扭矩的同时，发动机依然能够保持低转速，确保车辆在任何状态下都能将其性能发挥得淋漓尽致。作为第一辆四轮驱动的宾利汽车，欧陆 GT 拥有六速自动/手动变速器：四轮驱动及电子稳固程序，不仅可以满足动力与舒适度，而且可以更好地确保汽车的安全性和可靠性。目前，欧陆 GT 售价约为 288 万人民币。

六、帕格尼

帕格尼跑车（图 3－40）车长 4395mm、宽 2055mm、高 1151mm，匹配德国梅塞德斯 AMG 的 7.3L V12 缸 48 气门发动机，最大功率 408kW，最大扭矩 750Nm，0～100km/h 加速时间仅为 3.7s，最高时速达 390km/h，是世界上最快的跑车之一。

图 3－40　帕格尼跑车

项目四　汽车名人

活动一　中国汽车名人

一、饶斌

饶斌（1913—1987），中国汽车工业建设的杰出奠基人和开拓者。吉林省吉林市人，曾经担任吉林市委书记、哈尔滨市市长、中国汽车工业公司董事长、国家机械工业部部长、第一汽车制造厂厂长、第二汽车制造厂厂长等职。

图 4-1　饶斌

对于第一汽车制造厂的建造，是中国和苏联两国的领导人毛泽东和斯大林亲自参与敲定的。开始提出了三年内建成的提议，机械工业部对于这个建成时间感到担忧，但是苏联专家强烈要求一定要如期完成，为此，中共中央政治局高度重视，特意召开了专门会议商讨此事，决定举全国之力建设一汽。1953年6月9日，毛泽东签发《中共中央关于三年建成长春第一汽车制造厂的指示》，那一天被视为新中国汽车工业的发祥日。在全国人民的支持下，饶斌满腔壮志地投入到轰轰烈烈的一汽建设之中，他身兼多职，作为汽车厂长，又是建筑公司经理，工作任务很繁重，以至常常回到家里之后，还没来得及吃上一口饭菜就酣然入梦。为了能熟练掌握汽车制造业技术、建筑技术，他经常下到基层向技术人员和有经验的老工人求教和探讨，成为既能够指挥建设，又能够熟练操作机器的能工巧匠。

1956 年 7 月 14 日，第一批由中国人制造的解放牌载货汽车从一汽成功下线，从此中国有了自己制造汽车的能力。1960 年 1 月，饶斌奉调北京，担任机械部副部长兼六局（汽车轴承局）局长。1963 年，他被下放到南京汽车制造厂，从一个领导者变成一个工薪阶级，在厂里甚至还要受到伙房炊事员的呵斥，但他没有抱怨，且认为这是好事，出行不用汽车，经常走路或骑自行车，生活工作有条有序，让他感觉又“回到了群众中”。

图 4－2　饶斌向毛主席汇报生产情况

1964 年，中国经济有了长足的进步，毛主席说：“建设第二汽车厂是时候了。”有了一汽建造的经验，筹建二汽的任务自然是饶斌最能胜任。湖北十堰被确定为项目建造地，他幸运地回到二汽基地，经过一番深思熟虑，提议用“聚宝”的办法建设二汽，主打“一对一”建造模式，即由国内汽车和各个机械企业建造各分厂，然后再系统地形成现代化汽车制造企业。二汽建设过程中一直受到各种外部干扰，为了排除外界对二汽建设的干扰，饶斌提出“质量第一”的要求。和建设一汽相比，二汽建设注定不平凡；在一汽，饶斌工作了 7 年，而在二汽，则一干就是 16 年。

1969 年 9 月 23 日，第一辆东风 EQ140（图 4－3）载重车在二汽试制成功。同年 12 月 30 日，第一辆三吨半军用越野车也在二汽试制出来。

改革开放之初，我国开始准备引进汽车合资项目，饶斌建议由上海承担，生产大众桑塔纳汽车（图 4－4）。

1987 年 8 月，饶斌在上海逝世，终年 74 岁。

图 4-3　东风 EQ140

图 4-4　大众桑塔纳

二、孟少农

孟少农（1915—1988）是中国汽车工业的创始人之一，汽车技术领域的开拓者和奠基人。

孟少农原名庆基（参加革命后改为孟少农），1915 年 12 月 12 日出生于北京市，祖籍为湖南省桃源县仙人乡。汽车设计制造专家，中国科学院学部委员，他成功地领导了中国第一汽车制造厂、陕西汽车制造厂和第二汽车制造厂几代产品的研制和开发，为我国汽车工业的发展做出了重要贡献。

图 4－5　孟少农

孟少农 1921 年入北京北师附小读书，1927 年进北师大附中，1930 年，考入长沙岳云中学，1932 年进长沙高中。高中毕业全省会考，他获第一名。1935 年考入清华大学，1937 年卢沟桥事变后转长沙临时大学。1940 年西南联大招考一批留美公费生，孟少农以出色的成绩被录取。1941 年他赴美学习，进入著名的麻省理工学院机械系，1943 年获麻省理工学院汽车专业硕士学位。1946 年回国后，任清华大学机械系教授，并创办了我国第一个汽车专业。

中华人民共和国成立后，孟少农任长春第一汽车制造厂总工程师、副厂长。其间，他的工作重点是引进先进技术和培养汽车技能人才，先期的技术引进和人才储备是一汽按时投产的基础。在一汽期间，通过苏联专家的帮助，他创办了长春汽车工业学校，后续一汽的一大批汽车中级工皆是来自此学校。另外他还倡议与地方合作，创办了我国唯一的一所汽车、拖拉机学院（今吉林工业大学前身），来培养汽车行业所需的高级汽车工业人才。

1978 年，孟少农从陕汽调任至二汽，负责攻关“东风”牌 5t 车的质量问题，解决了 64 项产品重大质量关键。在二汽期间，他创建了湖北汽车工业学院，为中国汽车工业培养了大批技术和管理人员。

1988 年 1 月 15 日，孟少车逝世于北京。

三、郭力

郭力（1916—1976）是中国汽车工业的创业者，在我国汽车工业史上做出了巨大贡献。

1916 年出生在河北省河间县高家庄一户书香门第，从小在东北长大。1932 年考入哈尔滨工业大学前身的哈尔滨高等工业专科学校读书，曾担任过重工业部汽车工业筹备组主任和一汽厂厂长，20 世纪 60 年代初负责筹建第一代的中国汽车工业公司，并任经理，后又任机械工业部副部长。

1950年2月，国家重工业部设立汽车工业筹备组，任命郭力为筹备组主任，在当时三无（无人手、无阵地、无经验）的情况下，郭力率筹备组的同志，从招人才开始，到选址建厂，翻译外文（苏联提供）资料、图纸，再集中专家讨论修改和补充设计，至此筹备组才得以正式成立。1952年4月，郭力被任命为第一汽车厂（代号652厂）厂长。

图4-6 郭力

郭力来到长春后，立刻投入到工作中。在东北的这片荒野上，要建设一座现代化汽车厂的担子很重，如果不熟悉当地情况，没有当地的大力支持，则必然会延误建设周期。所以他提议任调一名熟悉当地情况的干部任厂长，自己做副手，于是，他向上级提议更换厂长。中央采纳了他的提议，1952年12月，任命饶斌为第一汽车制造厂厂长，郭力改任为第一副厂长兼总工程师。当时，“郭力让贤”成为佳话。

郭力不任厂长之后，便有了更多的时间和精力去从事生产准备工作。不久，他带领一批学员去苏联斯大林汽车厂实习。学习了汽车生产、管理及相关专业的知识。学成归来后，他和饶斌两人分工合作，配合得非常默契。

1959年，郭力再次被任命为厂长。当时在特殊环境的不利影响下，生产秩序混乱，但他做出的一系列重要决策后期被证明是正确的，例如将工作的重点和主要力量有计划地转向企业整顿，使“一汽”从一度停产到恢复生产，并逐步走上正轨。1964年8月，郭力借鉴国外经验，根据中国国情，主持起草了《汽车托拉斯的组建报告》。

1976年2月，郭力病故，享年60岁。

四、陈祖涛

陈祖涛，1928年生，红军著名将领陈昌浩将军之子，是中国汽车工业杰出的奠基者之一。

1951年毕业于苏联鲍曼工学院；1953年9月任第一汽车制造厂驻苏代表；1955年回国后，担任一汽生产准备处副处长、工艺处副处长、处长；后任“长春汽车工厂设计处”处长兼总工程师。1964年成为二汽筹备五人小组成员，后担任二汽总工程师、技术副厂长。1981 年起参加筹建中国汽车工业总公司，历任总工程师、副总经理、总经理，中国汽车工业联合会理事长。曾当选全国政协委员，现任国家科委专职委员。

图 4-7　陈祖涛

陈祖涛的人生经历丰富，他的一生基本是陪伴新中国汽车工业度过的。亲身见证了共和国汽车工业的发展与壮大，他配得上“中国汽车工业元勋”的称号。

五、潘承孝

潘承孝（1897—2003）汽车和内燃机专家，中国内燃机和汽车工程教育的奠基人之一。

潘承孝，字永言，1987 年生于江苏省苏州市。父亲潘志憘生于 1876 年，自幼接受西方文化的影响，学习英语，思想比较先进。潘承孝的小学和初中在苏州度过。1912 年转到北京汇文中学，1915 年考入唐山工业专门学校（即唐山交通大学今西南交通大学）。1921 年以机械系第一名的优秀成绩毕业，被交通部保送公费留学美国。

潘承孝是个资深汽车工程教育者，其一生教育、培养了众多国内外知名的内燃机专家、学者。其主张理工结合，既注重基础理论教育，又重点培养实践能力，走教学、科研、生产相结合的道路。

图 4-8　潘承孝

在 20 世纪 20 年代，国内汽车行业还是一片空白、内燃机是新兴学科的时候，潘承孝就出国深造，去美国学习这门学科，学成即归国。在 20 世纪 30 年代，开设汽车专业课程的大学是少之又少，潘承孝是最早讲授汽车专业课程的教授之一。素有“南黄北潘”之称，“南黄”即上海有交通大学的黄叔培教授，“北潘”即潘承孝了。在当时汽车工业还未在我国兴起的情况下，“南黄北潘”已为祖国储备了大批汽车专业人才。1950 年，在重工业部领导下成立的“汽车工业筹备组”，在初期的 10 余人当中，就有他的 4 个学生。曾任天津大学校长的内燃机著名学者、中国科学院学部委员史绍熙教授，在他的一篇文章里曾写道：“我之所以选择了内燃机这个研究领域，数十年矢志不移，说实在话是发端于潘老对我的启蒙。”吉林工业大学校长陈秉聪教授、长春汽车研究所所长陆孝宽、上海交通大学造船系教授李渤仲、大连理工大学造船系胡国栋教授等，都曾受业于潘承孝，他们都在内燃机、汽车学科方面做出了突出的贡献。潘承孝从事工程教育 60 多年，有丰富的办学经验，为发展祖国工业培养出大量人才，付出了他毕生的心血。

2003 年 12 月 22 日上午 7 时 35 分，潘承孝因病医治无效于天津逝世，享年 107 岁。

活动二　德国汽车名人

一、卡尔·本茨

卡尔·本茨（Karl Benz，1844—1929）是汽车的发明者之一，他是世界上第一辆汽车的制造者，奔驰汽车公司的创始人，被誉为“汽车之父”。

图 4-9　卡尔·本茨

1844 年，本茨出生于德国，其父亲职业是火车司机。在父亲的影响下，本茨从小就对机械表现出浓厚的兴趣。1860 年，本茨踏入卡尔斯鲁厄综合科技学校进行系统的学习，期间他学习了机械构造、机械原理、发动机制造等课程，还特别喜欢研究热力和蒸汽发动机方面的学问。

本茨毕业于 1866 年，毕业后的第一份工作是机械厂学徒工，后面又去了一家建筑公司。1872 年，他通过多方集资成立了自己的公司“本茨铁器铸造和机械工厂”，主营建筑方面的材料。但当时建筑业不景气，本茨的公司效益不理想，甚至一度要关门，几番深思熟虑之后，他决定将公司进行转型，制造发动机这时候就被提上日程，他希望通过制造发动机来获取高额利润以扭转工厂当前的困境。要生产必须得有营业执照，这时他把目标指向奥托四冲程煤气发动机，并最终顺利取得营业执照。1879 年 12 月 31 日，在拿到营业执照后经过团队艰苦的研究和验证，第一台单缸煤气发动机（转速为每分钟 200 转，功率约为 0.7 千瓦）横空出世。但是这台发动机并没有给本茨的公司带来预想的收益，因为当时人们对汽车领域一无所知，少有人会想到将发动机用于汽车或摩托车上，本茨公司也就没能摆脱当时的窘境。

1885 年，卡尔·本茨制造的世界第一辆汽车（图 4-10）。这辆汽车出现在人们的视线是在慕尼黑的机械展览会上，会上所有看到汽车的参观者无不为之惊叹。当时的报纸上写道：“星期六下午，人们怀着惊奇的目光看到一辆三轮马车在街上行走，前面没有马，也没有辕杆，车上只有一个男人，马车在自己行走，大街上所有的行人都惊奇万分。”现如今汽车展览馆内仍能看到这辆汽车的身影。

“汽车之父”卡尔·本茨为后世的出行做出了巨大的贡献，人们为纪念他，特将1886年1月29日定为世界首辆汽车诞生日。

图4-10　卡尔·本茨的世界第一辆汽车

图4-11　“维克托得亚”牌汽车

1888年，贝塔·本茨大胆尝试驾驶汽车，成为世界上首位汽车驾驶者。作为卡尔·本茨的妻子，她的勇敢值得称赞，为了支持丈夫的事业，她试车的时候还带上了自己的儿子，事实证明车子是可行的，他们成功了。

1893年，本茨的公司新推出一款名为“维克托得亚”牌四轮汽车，该车继续沿用奔驰3L发动机。虽然该车在稳定性和舒适性等方面都有所改进，但价格昂贵，最高达3875马克一辆，在当时能够买起的用户少之又少，该产品也一度滞销，库存积压。这款四轮汽车在技术上为本茨带来了良好的口碑，却没有带来理想的经济效益。随后，本茨采纳各方的建议，转变营销思路，重点开发适应普通大众的车子（定价2000马克）；这种款式的车一经推出，便赢得大众的一致认同，非常畅销。因为是世界上首次批量生产的汽车，这款车带来了较大的利润，为后续发展奠定了物质基础。后续对“维多利亚”牌汽车进行了改装，该款汽车被应用于公众，公共汽车由此诞生。1926年与戴姆勒公司合并改名为戴姆勒-奔驰汽车公司。

1929年，卡尔·本茨与世长辞了。

二、戈特利布·戴姆勒

戈特利布·戴姆勒（GottliebDaimler，1834—1900）是汽车的发明者之一，研制出第一辆四轮马拉式汽车，被誉为“汽车鼻祖”（图 4－12）。

1834 年 3 月 7 日，德国符腾堡雷姆斯河畔的绍恩多夫迎来了戈特利布·戴姆勒。戈特利布·戴姆勒从小就表现出对机械知识的酷爱，曾先后做过制枪匠学徒和火车头制造厂工人。他为人勤劳诚恳，积极进取；经常向身边有经验的师傅或者工人求教。随后，为了掌握更多的机械制造方面的知识，他特意选择到斯图加特技术学校进修，毕业后，又辗转到法国、英国工作和学习。

1862 年回到德国后，他一心研究发动机，身为奥托-朗根公司的工程师。他对工作勤勤恳恳，曾多次向公司提出改进发动机的想法，且给出了详细的研究方案，但是都没被公司采纳。他自知继续待下去自己的研究成果终将不能得以应用，于是愤然辞职，独自打拼。他找到了好友迈巴赫作为自己的合作伙伴，开始为了共同的目标潜心研制发动机。

开始那会由于资金限制，他们研究发动机的条件很艰苦，工具也只有原始的几件，买来用于研究的一台奥托四冲程发动机的钱还是东拼西凑的，在奥拓发动机上经过多次反复的实验，首部戴姆勒卧式发动机于 1883 年推出，这是一款改进型的发动机。1884 年 5 月又推出世界上第一部立式发动机，名为“立钟”。这台发动机第一次使用在一辆橡木自行车上，该车被称为世界上第一辆摩托车（图 4－13）。次年，戴姆勒又在四轮“美国马车”的车身后部装上这种立式发动机，制成了类似于现在带有摩擦离合器及可变换 2 挡的四轮汽车。

图 4－12　戈特利布·戴姆勒

图 4－13　第一辆橡木摩托车

1900 年 3 月 6 日，戴姆勒因身心衰竭，在康斯塔特逝世，终年 66 岁。

三、威廉·迈巴赫

威廉·迈巴赫（WilhelmMaybach，1846—1929）被称为“设计之王”（图 4-14）。

1846 年，威廉·迈巴赫出生于德国的海尔布隆，成长于斯图加特。威廉·迈巴赫幼年丧失双亲，10 岁左右便成为了一个孤儿。此后威廉·迈巴赫生活陷入了困境，幸好随后被一家慈善机构领养，顺利成长。迈巴赫的才能在上学期间就已显现出来，幸运的是这匹千里马遇到了自己的伯乐，在校期间学校很好地培养了他。

1865 年，在罗依特林根戈特利布·戴姆勒与迈巴赫一见如故，威廉·迈巴赫凭借着自己超凡的绘图能力，仅在 19 岁的时候就引起了戴姆勒的关注。随后两人成为了志同道合的密友，这种友谊是一辈子的。

1882 年，迈巴赫跟随戴姆勒一起着手研发轻型高速发动机。经过反复的实验，不规则热管点火系统被成功研发出来，迈巴赫这一成就为研发高速发动机打下了坚实基础。除了卧式发动机，迈巴赫还发明了一种轻型的发动机，形如“立钟”（图 4-15）。立式发动机先后被安装到二轮木制的摩托车上和四轮的马车上。

图 4-14　威廉·迈巴赫

图 4-15　“立钟”小型发动机

1895 年，戴姆勒公司由于领导层问题经营急转直下，英国实业家西蒙司强烈要求迈巴赫重返公司且出任公司技术主管，面对西蒙司公司的压力，戴姆勒公司被迫接受。迈巴赫在位期间贡献卓越，在戴姆勒去世后，迈巴赫发明中最有代表性的是“梅赛德斯”汽车，该品牌的汽车一直畅销至今。1907 年迈巴赫离开了戴姆勒公司，原因是其领导层矛盾突出，分歧较大。离开后的威廉·迈巴赫经过努力打拼，两年后，他和儿子卡尔·迈巴赫成立了自己的公司，早期从事飞机发动机的研制，随后又重返汽车行业，研发汽车发动机。

1929 年 12 月 29 日威廉·迈巴赫在斯图加特逝世。

四、费迪南德·波尔舍

费迪南德·波尔舍（Ferdinand Porsche，1875—1952），又译为费迪南德·保时捷，被誉为“汽车设计大师”（图 4-16），其电工和机械方面的才能比较突出。他一生中设计的两款最具代表性的车型是“大众甲壳虫”（图 4-17）和“保时捷”（图 4-18），分别迎合了普通大众和上层人士不同的需要，一度风靡全球。

图 4-16　费迪南德·波尔舍

费迪南德·保时捷的经历也可谓一波三折，1875 年 12 月他出生于奥匈帝国的玛弗斯德弗，其祖父和父亲都是铁匠出身，他小时候并没有早早就接受教育，直到 15 岁才进入夜大系统学习知识，随后也是边工作边读书，他做过电工，也进修过。他 22 岁的时候获得了第一个专利——“混合传动系统”专利，该专利是保时捷在车轮内加装了一个电动机，替代了之前所用的链条转动。

图 4-17　甲壳虫

图 4-18　保时捷 365 型

保时捷闻名于世得益于他的一款电动汽车。1900 年在巴黎世界工业产品博览会上，他创造的电动汽车首次呈现给大众，受到一致称赞，从此他冠以“电动汽车之父”的称号。1905 年至 1910 年，保时捷又先后设计出“玛哈”牌汽车和“公爵”牌轿车。1929 年，保时捷因为老板多次就自己提出的设想不予采纳，毅然决定辞职。

费迪南德·保时捷一直都有三个理想，分别是：制造划时代的赛车、为大众制造汽车、制造用于农业生产的拖拉机。经过一番波折后，他悟出一个道理，在老板手下工作永远实现不了自己的理想。所以保时捷决定建立属于自己的企业，仅仅一年后，保时捷汽车设计所就成立了。保时捷的公司在随后的 10 年间，设计的“甲壳虫”汽车是相当成功的。该车属于大众汽车公司，亮点在于风阻小和涡流尾气小，得到极高的赞誉，其销量从 1936 年到 l973 便达到了 2150 万辆，一举打破了之前由福特 T 型车所保持的世界纪录，坐上了单产第一的宝座。1948 年，保时捷成立了新公司，取名“保时捷设计有限公司”，该公司建成后一心搞研究，精心制作汽车。其中保时捷 356 型推出前更是经过了 356 次的设计变动；365 型保时捷跑车由此得名。该车随后的表现也证明了它的实力，在一次汽车类比赛中，该车后来居上打败了许多欧美名车，保时捷的地位由此确立。

1952 年 1 月 30 日，保时捷因病去世，终年 77 岁。

活动三 美国汽车名人

一、亨利·福特

亨利·福特（Henry Ford，1863—1947），美国福特汽车公司的创始人，是世界汽车工业奠基者之一。

图 4-19 亨利·福特

1863 年 7 月 30 日，美国密歇根州底特律附近的一个农村迎来了“汽车大王”——亨利·福特（图 4-19）的诞生，福特从小就表现出对机械方面的兴趣，但是因为出生在一个农场家庭，一部分农活使得福特没有充足的时间去接触机械行业。对此福特也是怨声满天。

好在福特 16 岁的时候，得到一个去“詹姆斯·福拉瓦机器公司”工作的机会。他把握住了此次机会，在工作期间学习了大量的机械理论知识和实践技能。工作九个月后，福特离职去了特莱特克机器公司，这家公司是专门制造轮船引擎的企业，经过三年的磨练，福特步入了优秀技师的行列。

1893 年的某一天，对于福特来说是个特殊的日子，他的首车迎来试验，并取得成功。该车时速可达到 45 千米左右，双缸四马力，具有四个轮子，布置方式如同自行车分装在车身两边，可承载四人。这部对福特来说具有特别意义的首车，一直被福特博物馆收藏。

福特在成立福特汽车公司之前，经历过两次失败，第一次是在 1899 年，福特得到了支持成立了底特律汽车公司，他亲自把关生产。但是因为工人没有制造汽车零件的经历，造出来的零件合格率很低，加上采购时常跟不上，工作进程得不到保障；造成生产的汽车无法销出，致使公司解散。

第二次是在 1902 年，福特在同一名全美赛车冠军维英顿比赛中，亲驾自制车胜出，由此他得到了商人们的支持，着手准备成立新的汽车公司，但是批量生产汽车与单一生产汽车的要求存在很大的差别，以修理技术见长的福特当时很难胜任这一职务。经过一段时间的验证，投资者发现他确实擅长竞赛赛车的研制，花了大量的时间在这方面，但这种高价的竞赛车不是大众的需要，致使商人们没有得到预想的收益。很快，福特被排除在外，就这样第二次创业失败。

虽然经历了失败，但是福特并没有自暴自弃，而是愈挫愈勇。他以积极的态度，切实的行动，谋思汽车业的发展。他不断对汽车结构加以改进，并自驾自制车四处表演，以至于他还一跃成了“全美第一流的汽车司机”。

图 4-20　福特和 T 型车

有了前两次失败的经历，在 1903 年 6 月，福特再次找别人合作，成立了自己的第三个汽车公司，该公司采用股份制，由福特本人出任董事长兼总经理。此次汽车公司发展的方向是生产符合大众需求的汽车，所以福特从一开始就想方设法降低制造成本，按照这个思路公司最终生产出了一款经济型轿车——T 型车（图 4-20）。因前期制造成本降低，所以 T 型车在售价方面也受到了广大消费者的青睐。尤其是其零件生产采用了统一标准，实现了互换，极大地提高了零件的适用范围；降低了生产成本。

1947 年 4 月 7 日，福特逝世，享年 84 岁。

二、威廉·杜兰特

威廉·杜兰特（William Darant，1861—1947），是通用汽车公司创始人，也是汽车发展史上的一位传奇人物（图 4-21）。

1861 年，威廉·杜兰特于出生于美国的马萨诸塞州波士顿市，威廉·杜兰特在良好的家庭环境下成长，受外公外婆影响，杜兰特从小梦想着将来的某一天可以成为一个大老板，像自己的外公一样。于是，他在家族资金的帮助下，花了 1500 美元买了一家工厂，该工厂主营马车生产。在威廉·杜兰特高效的经营管理下，该工厂发展速度愈发不可收拾，迅速在美国马车市场占有一席之地。

杜兰特于 1904 年成功收购了别克汽车公司，杜兰特作为商人，以独到敏锐的眼光看到别克公司的发展潜力，在该公司面临窘境的情况下，果断对其进行资助。随着资助力度的加大，他逐渐控制了该公司，成为别克汽车公司的一把手。

图 4-21　威廉·杜兰特

杜兰特联同乔治·E. 丹尼尔等三人，在 1908 年 9 月 16 日，以超低的 2000 美元为启动资金，在新泽西州成立了通用汽车公司，这是现今通用汽车公司的早期雏形。那年杜兰特也将自己的别克汽车公司整体出售给了通用汽车公司，而他自愿成为通用公司的一员，为其效力。随后，杜兰特得偿所愿进入了通用公司。他任职期间不断收购其他汽车零部件公司，整合该汽车行业的资源，先后将奥兹莫比尔、吉奥(GEO)、庞蒂克、凯迪拉克、土星等知名汽车企业整合到一起，形成了一家规模庞大的汽车企业。通用公司并没有单独的公司管理机构，也没有用来加工制造产品的流水线，仅仅是一个控股公司，其合并和收购的各个分公司都是独立的经营单位，各司其职，通力合作。

作为企业，其发展道路不可能是一帆风顺的，在美国汽车行业的激烈竞争下，特别是对手福特的不断壮大，通用公司的汽车销量不断下滑，资金周转不灵，内部出现了信贷危机。这样的结果也导致杜兰特被公司解除了职务，但是杜兰特不愿意服输，他要重新证明自己。在这样的背景下，雪佛兰汽车公司成立了，图 4-22 为雪佛兰轿车。他和合伙人路易斯一起奋力拼搏，为公司后期的辉煌奠定了基础。果真皇天不负有心人，1916 年，杜兰特证明了自己，他重新夺回了通用汽车公司的控制权，并将通用汽车公司变成了雪佛兰旗下的一个子公司。后来，几经波折，杜兰特通过以新换旧的方式获得了老通用的全部股权。

1917 年 8 月 1 日，杜兰特新成立了新通用汽车公司，解散了老通用。

新通用汽车公司成立后，杜兰特独断专政，事事不经董事会开会讨论，完全凭借个人意愿决定。在他任职的 4 年间，对内部管理不闻不问，一心想着如何扩大公司的规模，虽然 4 年间其规模扩大了几倍，但是公司内部问题不断增多，矛盾不断激化，这也为 1920 年和 1921 年公司出现严重危机埋下了祸根。没有沟通的部门相互之间存在隔阂，各自为政，对公司的整体发展规划漠不关心，以致出现分公司重复生产同一产品的现象，使公司整体在竞争中处于劣势。终于，公司在这种模式下陷入了严重的信任危机，所有的矛头也都同时指向了杜兰特，其最

图 4-22　雪佛兰轿车

终被迫引咎辞职，离开了通用汽车公司。离开后，杜兰特便没有再次进入大众的视线，默默度过了他黯淡的余生。

1947 年，杜兰特逝世。虽然杜兰特晚年惨淡，但他对通用汽车的贡献是不可磨灭的，如果没有杜兰特，现在世界上最大的汽车公司可能就不是通用。

三、沃尔特·克莱斯勒

沃尔特·克莱斯勒（Walter Chrysler，1875—1940）是克莱斯勒汽车公司的创始人（图 4-23）。沃尔特·克莱斯勒从小生活在一个铁路技师的家庭，最初，克莱斯勒并未自己创办公司，也是作为一名工人就业于早期的通用汽车公司，由于工作能力出色一路竞升为公司副总经理，主管生产工作。之后，他与杜兰特在公司的发展理念上发生了分歧，气愤之下便递交了辞职信。辞职后，他转投马克斯威尔公司（Maxwell），是金子总会发光的，很快他推出了非常受欢迎的“克莱斯勒 6 号”车型。在良好的效益下，公司发展有了强有力的保障，1925

图 4-23　沃尔特·克莱斯勒

年克莱斯勒将马克斯威尔公司彻底重组，改名为克莱斯勒汽车公司。在克莱斯勒领导下，经过短短三四年的时间，克莱斯勒汽车公司一跃成为美国第三大汽车公司。在 1933 年，其市场占有率甚至超过了福特汽车公司。1934 年克莱斯勒开发了超级轿车“艾弗罗”（图 4－24）。同年，底特律的林克大路总装线迎来了第 100 万辆普利茅斯轿车（图 4－25）驶下线。

图 4－24　超级轿车“艾弗罗”

图 4－25　第 100 万辆普利茅斯轿车

就是这样一个出身于铁路技工家庭的克莱斯勒，凭借着对汽车的喜好和追求，缔造了今天美国三大汽车巨头之一的克莱斯勒集团。“一个美国工人的一生”，这是克莱斯勒对自己的评价。

1940 年 8 月，沃尔特·克莱斯勒逝世。

活动四　其他国家的汽车名人

一、阿尔芒·标致

阿尔芒·标致（Armand Peageot，1849—1915）法国标致汽车公司的创始人（图 4-26）。

图 4-26　阿尔芒·标致

1849 年，阿尔芒·标致出生于法国，标致从小就有着优越的家庭条件。早在 19 世纪初叶，其家族就从事着钢铁制造业，商标就是一头雄狮的塑型。直到标致接手家族企业时，公司已成为法国最重要的自行车制造商之一。

标致学生时代分别在法国和英国深造，在法国学习工艺制造，随后继续去英国进修，在英国触及了汽车行业。1871 年毕业后，在英国的经历让 22 岁的标致认定发展汽车是公司的主线。随后，标致便在同他人的共同合作下生产蒸汽机车。1889 年，标致Ⅰ型蒸汽汽车还曾在巴黎国际博览会展出。展会之后，标致的大学同学埃米尔·勒瓦索找到他，将戴姆勒发明的内燃机推销给标致公司，两人想法不谋而合，并为此专程拜访戴姆勒。在看完戴姆勒的内燃机和四轮汽车后，标致更加坚定了自己的信念，认定汽车是未来世界的主流。回国后，他开始从事内燃机汽车的生产。1890 年，装用戴姆勒内燃机的第一辆标致汽车——标致Ⅱ型汽车（图 4-27）问世，这是法国的第一辆内燃机汽车。次年，标致Ⅲ型汽车正式露面，该车还参加了全程 2045km 的越野行驶，全程用时 139 小时，震惊了世界，这一次彻底让人们相信汽车已经可以实用了。

1896 年，标致汽车公司正式创办，成为法国汽车厂家的领跑者。在各种条件都已经具备的条件下，法国成了率先普及汽车的国家。标致公司也成为世界上第一家真正的汽车制造商，而奔驰公司和戴姆勒公司那时仅仅满足销售内燃机生产许可证，其汽车产品在生产和普及方面都落后于标致汽车公司。

图 4-27 标致Ⅱ型汽车

二、安德烈·雪铁龙

安德烈·雪铁龙（A. Citroen，1878—1935）是法国雪铁龙汽车公司的创始人，也是他发明了发动机前置前轮驱动技术。

图 4-28 安德烈·雪铁龙

1878 年 2 月雪铁龙出生于法国巴黎，父亲是荷兰人，是个珠宝商人，母亲是波兰人，从小雪铁龙就梦想成为一名工程师，所以大学就读于巴黎综合工科学院，他始终相信科技将会带给人类幸福和进步。

1900 年，雪铁龙毕业后在一次去外婆家探亲度假的过程中偶然见识到一个装置上带有“人”字形拼成的齿轮，这个人形小齿轮带给了他灵感，探亲旅途结束回去后，他便发明了人字形齿轮传动系统。人字形的塑型也在 1912 年，被雪铁龙作为雪铁龙汽车公司的商标。

1905年，雪铁龙成立了自己的小公司，主要生产自己的专利产品，由于人字形齿轮运转平稳且效率高，很快赢得了良好的口碑，人字形齿轮开始销往欧洲各地。随着时代的进步，雪铁龙也意识到自己的公司不能一直原地踏步，需要作出适应时代的改变。1912年，雪铁龙参观了美国的亨利·福特的汽车厂，此次参观对雪铁龙影响甚大，他知道自己公司所要作出的改变就是生产汽车。福特公司的大批量流水线生产方式给雪铁龙留下了深刻的印象，雪铁龙将这种高效率的生产方式引入了法国，在自己的工厂试点，取得了预想的效果。次年，雪铁龙的工厂除从事齿轮传动机的生产，也开始了汽车的生产。

经过几年的发展，雪铁龙的汽车公司也做出了成绩，1919年，雪铁龙汽车公司率先批量生产雪铁龙A型车（图4-29），该车型产量迅速提高，1924年日产量甚至达到300辆，至此雪铁龙公司一跃成为欧洲成功的汽车厂商之一，并于1934年生产出法国第一辆前轮驱动汽车。

图4-29 雪铁龙A型车

三、恩佐·法拉利

恩佐·法拉利（Enzo Ferrari，1898—1988）是法拉利汽车公司的创始人，人称“赛车之父”（图4-30）。

法拉利于1898年出生在意大利北部的城市，他的父亲是一个小钣金厂厂长。他对汽车的喜爱要从一场汽车比赛开始，在他10岁那年，有幸跟随父亲看了一场汽车比赛，他被比赛赛场上那急速的赛车竞技的画面深深吸引，从此便深深爱上了赛车，并且渴望成为一名优秀的赛车手。正是这样的一个信念一直激励着法拉利，勤奋的他于 1929 年创立了“法拉利赛车俱乐部”，拥有了自己的车队，经常派车队参加一些大型竞赛活动，也取得了辉煌的战绩。法拉利成为阿尔法赛车队队长的时候仅仅 25 岁。1932 年，法拉利开始从事汽车设计，在阿尔法汽车公司展露出了他汽车设计的才华。很快，他领导的跑车设计小组便扬名在外。

图 4-30　恩佐·法拉利

“二战”后，法拉利便自己开始创业，一心一意投入到赛车事业中，并于 1947 年创办了法拉利汽车公司，他不惜重金聘请来了众多的天才工匠，其中就包括发动机专家科伦布，正是这样一批能工巧匠在极其简陋的条件下手工打造赛车。同年 5 月，法拉利迎来了该汽车公司的第一辆以“奔马”为象征的跑车（图 4-31），并命名为法拉利 Tipo 125。此后的 3 年，法拉利跑车设计团队不断制造出多款赛车。一方面为检验赛车的性能，另一方面也为宣传自己的赛车，法拉利车队积极

图 4-31　“奔马”跑车

参加各种汽车大赛。皇天不负有心人，在各种汽车大赛中法拉利赛车先后夺得多项冠军，最具代表的便是在1956年法拉利改造的蓝旗车夺取了F1赛车年度总冠军这一世界赛车的最高荣誉，这奠定了法拉利赛车在世界车坛至高无上的地位。

法拉利也知道从事赛车制造需要巨大的财力支持，所以法拉利汽车公司除了制造赛车以外，还积极策划制造跑车，以达到以车养车的目的——用出售跑车所获利润来支持自己的赛车计划。只可惜小规模的跑车生产所获利润难以维持赛车开销，法拉利汽车公司经济经常陷入困境。不过，基于法拉利极高的声誉，多次为国争光，因此财大气粗的菲亚特公司在财政方面经常给予无私帮助。其间美国福特公司曾有意收购法拉利汽车公司，却被法拉利本人坚决拒绝。最终在1969年，迫于财政压力法拉利把公司全部资产卖给了本国的菲亚特公司，法拉利对此唯一的条件是对方在今后的岁月里不得干扰其赛车发展。

1988年8月，恩佐·法拉利去世，享年90岁。

四、查尔斯·劳斯和亨利·莱斯

图4-32　查尔斯·劳斯和亨利·莱斯

查尔斯·劳斯（C. Rolls）和亨利·莱斯（F. Henry Royce）是一对具有传奇色彩的人物，他们俩虽然出身和经历不同，却最终为了同一个目标而走到一起。1877年，劳斯出生在英国伦敦一个显赫的贵族家庭；1863年，莱斯出生在一个贫困的磨坊主家庭，家境并不富裕。劳斯优越的家庭条件使其念伊顿公学（中学）时候，便独自亲手安装了一台发电机，而后他进入剑桥大学土木工程系学习，在此期间他买了一辆标致轿车。从此他便酷爱上了新奇的汽车以及汽车运动，他毕业的时候，已成为一名赛车高手，其中他还曾率先完成了一项1000英里的可靠性实验。1903年，劳斯驾驶着一辆80马力的轿车在柏林创造了每小时150公里的汽车速度记录。

相比于劳斯，莱斯的童年就没有那么多辉煌，由于家庭贫困，莱斯上街卖过报纸，十几岁的时候就做过学徒工。尽管莱斯出身贫寒，在机械方面却表现出惊人的天赋，19岁时他就当上了工程师。1904年，莱斯亲手设计了一辆使用马达起动而非传统的摇柄启动的汽车，该车运行非常平顺，故障率很低，堪称当时汽车界的杰作。

此种成就与莱斯对任何事都精益求精的态度是分不开的，他经常说："小事产生完美，但完美却绝非小事。"他还说："只要是做得正确的事情，不管它多么卑贱，它也是高贵的。"这些话一直伴随着莱斯一辈子。"兄弟同心，其利断金"，从发明飞机的莱特兄弟，到制造汽车的雷诺兄弟、道奇兄弟、玛莎拉蒂四兄弟，无不验证了这句金字格言。上述"兄弟们"的成功固然令人敬仰，但贵族查尔斯·劳斯和平民亨利·莱斯这种超越血缘的友谊更是弥补珍贵，他们忽略了门第出身而为共同的目标一起奋斗并取得伟大的成绩，共同缔造的劳斯莱斯的神话。

1904 年，在一名商业伙伴亨利·埃德蒙兹的介绍下，两人在曼彻斯特城会面，并且一见如故，相见恨晚。经过一番交谈，他们各自表达了对未来汽车发展的憧憬，两人目标一致，并随手在一张餐巾纸上勾勒出一辆汽车速写，即享誉世界的劳斯莱斯汽车的第一张图纸。会谈结束之后，两人毅然决定共同组建劳斯莱斯汽车公司，莱斯负责设计和生产，劳斯负责销售，两人各司其职，并签订了合作协议。同年，第一辆劳斯莱斯轿车诞生了，劳斯莱斯汽车公司在这款车打上了"Rolls-Royce"的商标。该车还参加了当年在巴黎举行的汽车展览会并一举成名。吸引来众多的订单，面对大批量的订单，劳斯莱斯汽车公司仍然坚持用手工制造，当时纯手工制造一辆车大概需要 25 个工人用 8 个月时间完成，如此费时费工的制造方式，使得劳斯莱斯车辆从外观到内饰无不精心雕琢，精益求精。从那时起，手工制造就成为劳斯莱斯一成不变的传统。

1906 年，劳斯莱斯汽车公司正式注册成立。图 4－33 为"Rolls-Royce" 10 马力车型，图 4－34 为"Rolls-Royce" 4 缸 20 马力轿车。

图 4－33　"Rolls-Royce" 10 马力车型

图 4 - 34 “Rolls-Royce” 4 缸 20 马力轿车

五、丰田喜一郎

丰田喜一郎（Kiichiro Toyoda，1894—1952）作为丰田汽车公司的创始人，被誉为“丰田汽车之父”（图 4 - 35）。

图 4 - 35 丰田喜一郎

1894 年，丰田喜一郎出生在东京一个织布机的家庭，其父丰田佐吉发明了自动织布机；由于家境较好，喜一郎从小就接受先进的教育，是东京著名教育学府帝国大学机械工程专业的毕业生。毕业后，喜一郎来到了自己的家族企业工作，但是在工作过程中，喜一郎并没有依靠自己家族的优势，而是从普通职员做起，依靠自己的努力和勤奋一步步竞升至常务董事。喜一郎萌发制造汽车的想法是源于 1929 年秋天的一次外出，当时他为了去英国签合同，路经伦敦街头，伦敦遍地的小汽车引起了他的注意力，激发了他制造汽车的兴趣。回国后，他立即着手研读汽车制造方面的资料，并把自己的想法告诉了自己的父亲，其父听过之后也大力支持了。终于在1933年，喜一郎在他父亲的支持下设立了汽车部，开始着手试制汽车发动机，经过两年的刻苦钻研，于1935年8月造出了丰田的首款汽车“丰田A型轿车”（图4-36）。

在汽车时代的背景之下，丰田汽车公司于1937年创立。日本人口密度大，资源稀缺，所以喜一郎建厂时就奉承“贫穷的日本需要更便宜的汽车，公司要依靠自己的力量生产廉价的汽车”的宗旨。精湛的工艺加上良好的口碑，丰田汽车公司自生产出第1辆皇冠轿车之后，又相继生产出凌志、佳美等著名轿车，1957年出口的国家数便达到了47个。随着全球对汽车需求的日益增长，1959年丰田汽车公司建立了第一个海外汽车生产基地，坐落在巴西。其后，丰田汽车产量逐年上升，直至2004年突破了750万辆，位居日本榜首，世界第二。

喜一郎的功绩除建立丰田汽车公司以外，其开创的“丰田生产方式TPS”（图4-37）更是超越了国界、行业，成为各国争相学习的先进生产经验。所谓的“丰田生产方式TPS”是具有战略家眼光的喜一郎在传统整批生产方式的基础上加以改进，使之变为弹性可变的方式。通过“准时化生产、全面质量管理、并行工程”等方法，以达到企业利润的最大化。员工“每天只做必要的工作量”，提前完成的可先走，做不完的可自愿加班；工厂也无需设置专门的存货仓库，这样周转资金被占用的比例大大下降，公司的运营也就顺利了许多。

图4-36　丰田A型轿车

图4-37　丰田生产方式“TPS”

1952年3月27日，丰田喜一郎因患脑溢血去世，终年58岁。

六、本田宗一郎

本田宗一郎（1906—1991）是本田汽车公司创始人，被誉为“摩托之父”

(图 4-38)。

图 4-38　本田宗一郎

1906 年，日本滨海小镇滨松迎来了日本汽车工业上一位重量级的人物——本田宗一郎的降生，宗一郎从小时候便表现出对机械的热爱。16 岁的时候，他决定独自到东京一家汽车修理厂学艺，此举遭受到了父亲的反对，但他毅然坚持自己的决定。一学便是 6 年的时间，学成归来后，他开办了自己的修理厂，从事汽车修理工作。

1946 年，宗一郎创办了“本田技术研究所”，从事纺织机械的生产，那时第二次世界大战刚结束，各行各业百废待兴，农作物匮乏，这使得很多家庭被迫到黑市或者农村高价采购粮食，但是农村交通不便，凸凹不平的山间乡路使得骑自行车收购粮食十分困难。宗一郎看到此景后，便假设有种交通工具能解决收购粮食不便的问题，那这种工具肯定会成为市场上抢手的商品。于是他想到战争期间留下的无线电通讯机，它们不正好是自行车所需的动力来源吗？随后他立即以低价采购一批通讯机，加以改进成小汽油机，然后和自行车组装在一起，一种新型的“动力自行车”由此产生。由于该产品很大程度解决了当时的社会问题，一经推出很快成了抢手货。

1947 年，随着产品需求的不断提升，单一的采用旧通讯机组装在自行车上的方式，显然不能满足生产的需要。宗一郎亲自带队着手 50mL 双缸“A 型自行车马达”的研制，这便是“本田摩托发动机”的雏形，也标志着开始批量生产本田 A 型摩托车。次年 9 月，宗一郎正式创建“本田技术研究工业总公司”，由此本田大发展的枪声正式打响（图 4-39）。

本田宗一郎一个从基层技术员走出来的企业家，其旺盛的创造热情和能力，以及超凡的预见能力及冒险精神是促使他成功的重要保障。他自知在技术和管理这两个方面自己更倾向于技术开发，于是他决定寻找一个懂得销售和公司管理的伙伴，在多方寻觅之下他找到了当时的藤泽武夫，两人洽谈之后，一拍即合，决定共同发展状大本田公司，朝着全球知名企业的目标迈进。在摩托车产品获得成功之后，本田公司决定开始涉足汽车生产，在前期经验的基础上，第一辆本田汽车于 1963 年生产出来，再一次获得了成功（图 4-40）。

图 4 - 39　本田摩托车

图 4 - 40　本田轿车

1991 年，本田宗一郎与世长辞，享年 85 岁。

项目五　汽车娱乐

活动一　汽车运动

一、汽车运动的起源与早期发展

汽车运动是指汽车在封闭场地内、道路上或野外比赛速度、驾驶技术和性能的一种运动项目。

赛车的发展经历了漫长的过程，其初始阶段的结构和性能与现在的大不相同。初期的 Panhard 车控制方向的方式类似于船头的舵柄，是通过一个遥杆来实现的。随后经过慢慢地改进，方向盘逐渐取代了它们。除了方向盘，赛车的轮胎也由早期的木质轮胎渐渐变为充气轮胎。图 5-1 为早期赛车雏形。

图 5-1　早期赛车雏形

世界上首次有记录的汽车比赛是 1887 年法国《汽车》杂志筹办的，比赛线路从巴黎的桑·贾姆沿塞纳河直至努伊。鉴于首次汽车比赛效果甚佳，次年，《汽车》杂志第二次主办了该项汽车比赛。但是国际汽车联合会把 1894 年 6 月 11 日这一日定为赛车运动的诞生日，该时间依据不是参考《汽车》杂志举办的赛事时间，而是法国《小人物》杂志在巴黎举办的汽车比赛的时间。

1895 年，世界上最早的长距离汽车公路车赛在法国汽车俱乐部和《鲁·普奇·杰鲁瓦尔》报社合作下举办。次年，法国汽车俱乐部单独组织一次从巴黎至马赛的汽车比赛。综合比较之下，初期的汽车赛事大体上采用城镇到城镇的形式，类似于现如今的拉力赛，排名依据总用时。图 5-2 为 20 世纪末期的赛车。

图 5-2　20 世纪末期赛车

二、赛车组织机构

1904 年，国际汽车联合会（简称为“国际汽联”或“FIA”）成立，图 5-3 是其标识。总部以前设在法国巴黎，2004 年移至瑞士苏黎世。

赛车组织最高权力机构是世界汽车旅游理事会和世界汽车运动理事会。两个理事会的主席均由国际汽联主席担任，分别另设一名执行主席。两个理事会的成员各由会员代表大会选举产生的来自不同国家的 21 名委员组成。

图 5-3　FIA 的标识

三、国际汽车运动赛事

1. 方程式汽车赛

方程式汽车赛属于汽车场地赛的一种。“方程式”一词源于比赛对公平的追求；1950 年，国际汽联出于安全和汽车技术发展的需要，颁布了赛车竞赛规则，对汽车车长、车宽、自身质量、发动机功率和发排量等参数做出了详细的要求，于是便有了“方程式”（Formula）的概念，联系到车赛，应把它理解为规则、级别的意思。

图 5－4　F1 赛车

F1 就是 Formula One 的缩写，中文叫做一级方程式赛车。以共同的方程式（规则限制）所造出来的车就称为方程式赛车，而其中等级最高者就属 F1。

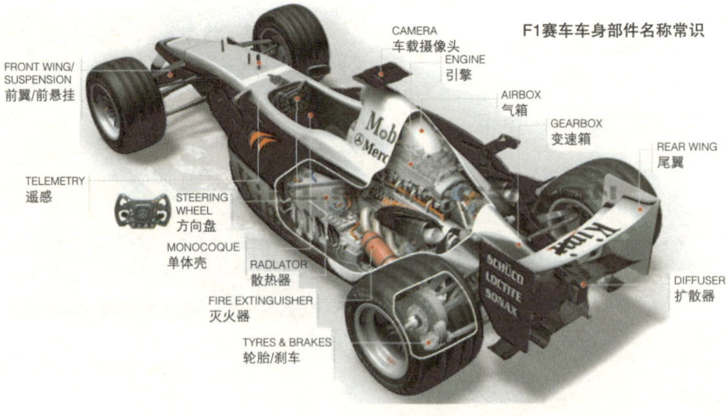

图 5－5　F1 赛车内部示意

方程式汽车赛有三个级别：

三级方程式（F3）发动机排量为2L，发动机功率为125kW。

二级方程式（F2）发动机排量为3L，发动机功率为350kW。

一级方程式（F1）发动机排量为3.5L，发动机功率为440～515kW，级别最高。

（1）赛制

一级方程式比赛共有11支参赛车队，每支车队2位车手，22位车手必须持有由国际汽联签发的“超级驾驶执照”。比赛每年3月～10月在世界各国的著名赛道举行，2005年分19站比赛。比赛赛程分为3天，包含星期五的自由练习、星期六的排位赛、星期日下午两点开始的正赛。正赛路程规划以约300千米（蒙特卡罗赛道为特例）或2小时为限，以车手先完成比赛即结束。在正赛过程中，车手和车队根据轮胎的磨耗及油耗的状态进入维修站换胎、加油。

图5-6　F1赛场

图5-7　F1赛车

比赛设车手冠军和车队冠军两项锦标。每场比赛取前八名车手，获得的积分依次为10、8、6、5、4、3、2、1。在每一赛季结束后，将车手在全年比赛中取得的成绩相加得出总积分，得分最高者为当年度世界冠军。车队世界冠军的计分方法与车手相同。锦标赛从1950年举办至2017年，已经产生了66位年度世界冠军，其中德国车手舒马赫（图5-8）以7次夺冠的纪录成为夺冠次数最多的车手。

图5-8　F1冠军车手迈克尔·舒马赫

（2）F1赛道

F1是一种封闭式的赛事，比赛需在与外界隔绝、封闭的范围内，以固定的路线绕圈进行。一般用来F1比赛的场地都是专门用来进行比赛的赛车跑道，但也有以一般城市街道路围成，每年只有在举办F1比赛时才特别封路做出的市街赛道，如摩纳哥蒙特卡罗赛道。

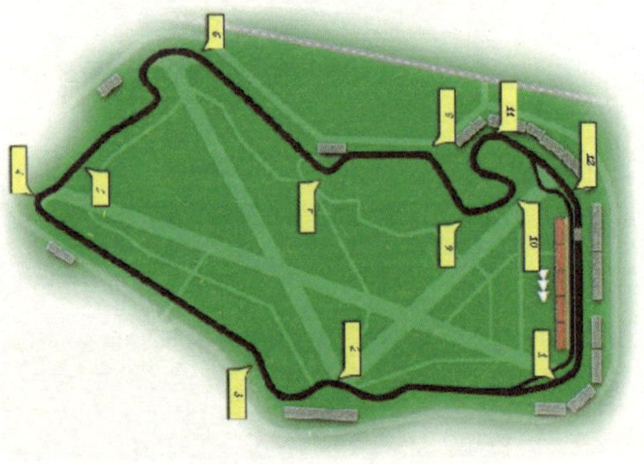

图5-9　F1赛道示意

（3）赛道要求

F1车赛对公用赛场的长度、宽度和路面环境等均有极为严格的要求。一般来说，公用赛场为环形，每圈长3～7千米，赛道总长度不能太长，一般为305～320千米。为安全起见，赛道两旁铺设开阔的草地或沙地，以便将观众与赛道离隔。现在，在正式比赛的诸多赛场中，摩洛哥赛场的赛道最短（3.328 千米），比利时的斯帕赛场的赛道最长（6.94 千米）。FIA 规定赛场不应有过多过长的直道，目的在于限制高速，以免发生危险。一般地，对于一个标准的 F1 赛场来说，以下设施是必不可少的：

图 5-10 F1 赛道

① 赛道宽 7～11 米，长 3.0～7.0 千米。为防止车速过高，必需设置较多弯道。

② 起步与起点，直道宽 12 米，长 250 米。能够并排安设两辆赛车，但又不可过于拥堵。

③ 看台，需用 1.2 米高的护栏与赛道离隔。

④ 摄像机与电视塔，用于电视转播。

⑤ 大屏幕电视，置于看台对面，便于看台上的观众观看实况比赛。

⑥ 安全人员察看站，位于隔离地段，以供安全人员处置各类意外状况、向车手出示旗语等信息。

⑦ 直升飞机，以便对受伤车手进行紧急救护。

⑧ 补给站，每队装备一个。

⑨ 资助商欢迎看台，位于补给站前方的高台上，可俯瞰补给站。

⑩ 围场，为运输车及宿营车停车处。

⑪管制塔，位于整个管制塔的第二层，能够俯瞰补给站进口，赛会人员在此经过无线电装置与安全人员获得联络。

（4）主要赛道

图 5-11 巴西英特拉格斯赛道

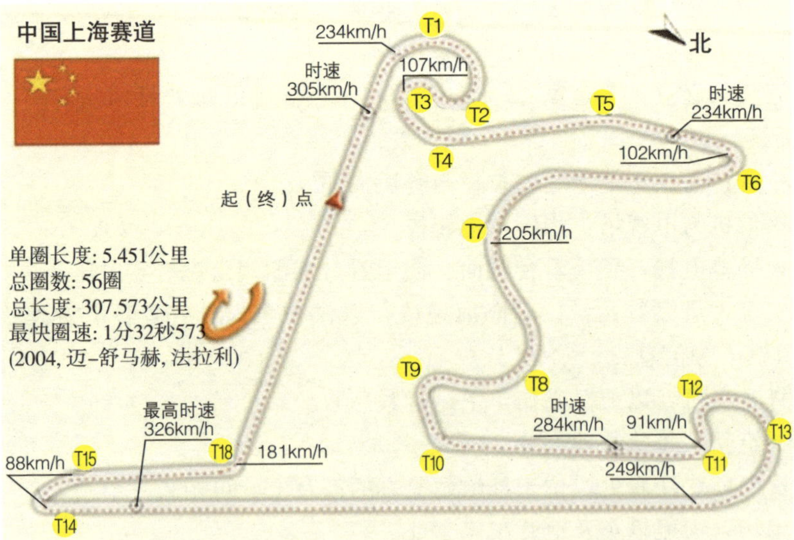

图 5-12 中国上海赛道

2. 卡丁车运动

卡丁车运动是众多的汽车运动中的一个特殊代表，它既是一个汽车竞赛项目，也是一个休闲娱乐、全民健身的项目。原因在于其结构制作简单，车架使用轻钢管搭建，装配不同排量的汽油发动机，有 50CC、80CC、100CC、125CC 或 250CC 等类别，最终搭建成一个单座位 4 车轮的小赛车，车身因无外壳，整体质量较小，操纵便利，需在专门的运动场内驾驶。

图 5 - 13　卡丁车赛车

(1) 赛制

现代卡丁车分为娱乐型和竞赛型两种。

娱乐型的卡丁车多采用小型四冲程汽油发动机，工作容积一般在 200CC 以下，其行驶速度在 50 公里/小时以下，为初学者和以休闲为目的的娱乐者最好的运动器械。

竞赛型卡丁车分为两大类共 12 个级别。一类是方程式卡丁车，国际 A、B、C、D、E 级和普及级六类，共 12 个级别。

图 5 - 14　卡丁车赛车

（2）卡丁车赛道的规定

室内卡丁车赛道：长至少 600 米，宽至少 6 米。

室外卡丁车赛道：无变速箱卡丁车的赛道：长最多 1500 米，宽至少 8 米，直线段最多 170 米。变速箱卡丁车的赛道：长最多 2500 米，宽至少 8 米，直线段长度不限。

图 5－15　卡丁车赛车

1962 年，为了使卡丁车运动更具规范化和国际化，国际汽联专门成立了卡丁车委员会管理该项目，中国汽联在 1995 年加入该委员会。

3. 世界汽车拉力赛

世界汽车拉力锦标赛（WRC）是与 F1 齐名的另一个世界顶级汽车赛事。各队车手驾驶经过专业改装的量产车，转战全球各地，战胜包括沙石、冰雪、柏油、泥泽、雨地在内数千公里的种种恶劣地形，力拼 11 个月才能决出最终的王者。被誉为世界上最严苛的汽车拉力赛。

图 5－16　沙石赛道

（1）赛制

每一站拉力赛包含了两天的实地勘查、一天的机件检查以及三天比赛。每一站赛事被分成三段（Leg），通常每一站大约有 15 到 25 个特别赛段（SS：special stage）。SS（Special Stages）路段就是在封闭管制的路段上进行竞速，1 个 Leg（一段赛程）通常规划有 5～10 个 SS 路段，长度通常在 10～50 公里，SS 路段的规划总长度以 400 公里为限，WRC 就是以每一位车手完成所有 SS 路段时间的总和来分胜负，计时的单位是 0.1 秒，而规划的平均速度为 110 公里，最高不可超过 132 公里。

图 5-17　雨地赛道

WRC 的积分制度与 F1 相同，每一站的前八名分别可获得 10、8、6、5、4、3、2、1 的积分，车手所得积分可成为车手本身及车队年度积分，全年积分最高的车手与车队将获得世界冠军的最高荣耀。

图 5-18　沙漠赛道

汽车拉力赛属于长距离汽车比赛项目。该赛事每年通过电视转播或其他媒体吸引的观赏人次可高达10亿之多。

图5-19 冰雪赛道

图5-20 拉力赛参赛赛车

活动二　著名车展

世界上各大汽车企业为了扩大自己汽车品牌的影响力，每年都会在世界各地著名城市举办汽车展览会，在车展上，各大汽车公司的最新车型都被展现出来，以此来向全世界展现其车企的最新研制成果。包括技术、文化色彩等方面，每次车展都能吸引到世界各地汽车爱好者的眼球，积极前来参观。

图 5-21　车展展厅

汽车展览是汽车制造商们展示新产品的舞台，也是各大车企争夺市场份额的舞台。法兰克福车展、北美车展、日内瓦车展、巴黎车展和东京车展被誉为当今五大国际车展。它们之所以成为国际一流车展，一是参展商的规模和级别一流；二是展品档次和首次亮相的新车、概念车一流；三是场馆面积和配套设施一流；四是主办方服务质量一流；五是国内外记者范围、观众数量和专业水平一流。

一、法兰克福车展——博大

德国是世界最早办国际车展的地方。法兰克福车展前身为柏林车展，创办于 1897 年，1951 年移到法兰克福举办。

图 5 - 22　法拉利 California 跑车

法兰克福车展是世界上规模最大的车展，有“世界汽车工业奥运会”之称，是五大车展中技术性最强、最具权威性的车展。

图 5 - 23　保时捷卡宴

每两年举办一次的法兰克福国际车展一般安排在 9 月中旬开展，为期两周左右，展出的车辆主要有轿车、跑车、商务车、特种车、改装车及汽车零部件等，此外为配合车展，德国还举行不同规模的老爷车展览。

图 5 - 24　保时捷 911Tur

图 5 - 25　玛莎拉蒂 spyder

参展的商家主要来自欧洲、美国和日本，尤其以欧洲汽车商居多。法兰克福地处德国，主角自然是德国企业，这与底特律车展、东京车展的地域性同出一辙。

德国是现代汽车的发祥地，是奔驰公司、大众公司、宝马公司的故乡，因此，法兰克福车展正是它们展现自我的舞台。

图 5-26　迷你 works

图 5-27　阿法尔·罗密欧 MiTo

法兰克福车展的服务细致而周到，符合德国人一贯滴水不漏的办事作风，人们不仅可以看到百年“老爷车”和光彩夺目的新车，还可以观看新车表演和国际赛事实况转播，并可获得汽车发展史、技术性能、安全行车、环保节能等多方面知识。

二、巴黎车展——优雅

作为浪漫之都的巴黎，其车展如同时装，总能给人新车云集、争奇斗艳的感觉。巴黎车展起源于 1898 年的国际汽车沙龙，直至 1976 年每年一届，此后每两年一届，在 9 月底至 10 月初举行，是国际车展中商业味最浓的一个。

图 5-28　标致 3008

展览面积占地近 25 万平方米，分八个展馆，分别展出轿车、商用车、特种车、古董车以及汽车零部件，甚至包括生产作业中使用的电瓶车。

图 5－29　兰博基尼 Sesto Elemento

巴黎车展颇具本土色彩，过去展品多为法国车和欧洲车，不过近几年来美国车和日本车也日渐增多。巴黎是个浪漫之都，车展也不例外，文化味道比较浓，每次车展的时候都会专门拿出一个展馆来展出老爷车。当然，法国人浪漫之余，是不会忘记发财的。

图 5－30　雷克萨斯 LFA

关于巴黎车展的资料以价格表居多，难怪有人说巴黎车展是五大车展中商业味道最浓的车展。

巴黎车展还特别“照顾”一些超小型的车，这些车子的发动机也很“迷你”几乎就是一个摩托车的发动机。这些“小玩意儿”在法国的大街上也能看到，也许法国人更愿意把它当作一件玩具。

三、北美车展——妖娆

北美国际车展的历史始于 1900 年 11 月纽约汽车俱乐部召开的第一届世界汽车博览会，后来车展迁至汽车城底特律，1989 年才正式更名为“北美国际汽车展览会”。

概念车（Concept Car）可以理解为未来汽车，一种介于设想和现实之间的汽车。汽车设计师利用概念车向人们展示新颖、独特、超前的构思，反映人类对先进汽车的梦想与追求。这种车往往只是处在创意、试验阶段，也许不会投产，主要用于车辆的开发研究和开发试验，可以为探索汽车的造型、采用新的结构、验证新的原理等提供样机。

图 5-31　莲花·爱丽丝概念车

图 5-32　阿尔法罗密欧 4C

北美国际车展每年 1 月在美国底特律举行，是世界上历史最长、规模最大的汽车展之一，由于在每年年初举行，所以被誉为全球汽车风向标。

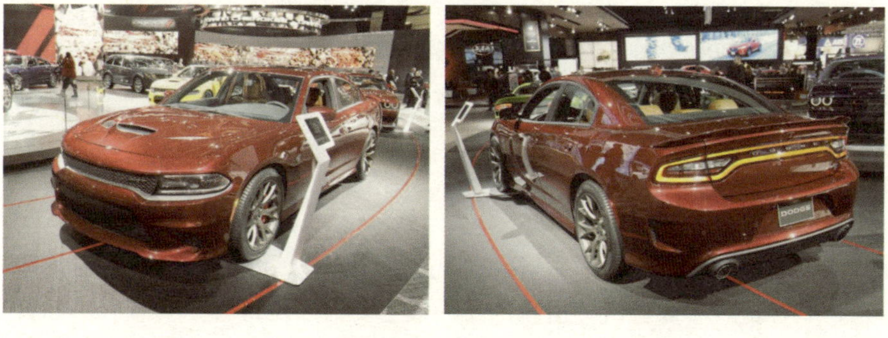

图 5-33　道奇 Charger SRT

底特律是美国的汽车城，也是世界上最大的汽车城，是美国三大汽车公司的总部所在地。美国是世界上汽车产量最大的国家，但在20世纪70年代以前，美国的汽车市场主要是自给自足，所以该车展在那时多为本国产品，不具国际性。但现在美国已成为世界上最大的汽车进口市场，参加底特律车展的汽车公司也越来越多，规模和影响也越来越大，已具备国际性车展规模。

图5-34　凯迪拉克 Escala

图5-35　林肯 MKZ

底特律可以说是世界与汽车联系最紧密的城市。从造车起步，靠汽车工业蜚声天下，现在底特律依然是美国这个“车轮上的国度”的发动机，底特律车展也成为当今世界最负盛名的车展之一。

四、日内瓦车展——奢华

日内瓦车展创办于1924年，是欧洲唯一每年度举办的大型车展。每年3月份举行，是各大汽车商首次推出新产品的最主要的展出平台，素有“国际汽车潮流风向标”之称。

图 5-36　大众高尔夫 R

日内瓦车展在展览面积 7 万多平方米的室内展馆举行，面积虽然不大，却是生产豪华轿车的世界著名汽车生产厂家的必争之地！

车展期间，日内瓦大小饭店均告客满，由于人数众多，许多人不得不住到洛桑、苏黎世、伯尔尼等城市甚至邻近的法国。因此，给这些地方带来不菲的旅游收入。瑞士这个国家很特殊，虽然它没有自己的汽车制造公司，但是一个庞大的汽车消费市场。在瑞士的大街小巷，常常可以看到本特利、保时捷等名车，名车就跟名表一样，成了某种标志。

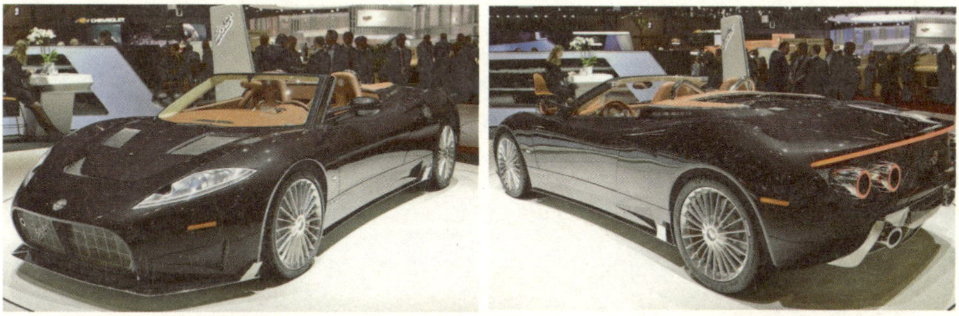

图 5-37　世爵 C8 Preliator

这样的“天时”和“地利”，自然唤来了“人和”：日内瓦车展上的展品不仅是各汽车厂家最新、最前沿的产品，而且参展的车型也极为奢华。

由于各大公司纷纷选择日内瓦车展作为自己最新最靓的车型首次推出的场所，这就为日内瓦车展博得了“国际汽车潮流风向标”的美誉。

日内瓦车展不仅档次高、水准高，更重要的是车展很公平，没有任何歧视。一般的国际车展虽然名为“国际”，但在展馆的面积、配套设施的水准上都会向东道国倾斜，东道国的汽车厂商往往会占去 1～2 个展馆。

图 5-38　菲亚特 124

图 5-39　日产逍客

但唯独在日内瓦车展上，人们看不到这种特别的“眷顾”。也许是因为瑞士是个中立国，也许是因为各大国际组织的总部都云集在日内瓦，总之，无论是汽车巨头还是小制造商，都可以在日内瓦车展上找到一席之地，就连各类车展的资料，也被“一视同仁”地印成了英语、法语、德语等几种版本。所以日内瓦车展实在可以说是——贵而不娇。

五、东京车展——细腻

东京车展是世界五大车展中历史最短的，创办于 1966 年，现逢单数年秋季举办，是亚洲最大的国际车展，被誉为“亚洲汽车风向标”，历来是日本本土生产的千姿百态的小型汽车主导的舞台。

展馆位于东京附近的千叶县幕张展览中心，是目前世界最新、条件最好的展示中心。展出的展品主要有整车及零部件。

东京车展的特点之一是车型极其多，多得让人无法记住，几乎什么稀奇古怪的车型都有，但又不是概念车，而且以小车型居多。车型种类的繁多，恰恰体现了日本人的细腻所在。

图 5-40　斯巴鲁 VIZIV 概念车

图 5-41　本田 VEZEL 概念车

图 5-42　本田飞度 RS

比如，在日本有很多专为残疾人设计的汽车，这类汽车在打开车门后，驾驶座会自动转 90 度，以方便乘坐，还有可用手控制的刹车等，这是为了让残疾人也享受到汽车文明带来的好处和便利。不仅如此，日本的汽车生产商还会以性别、年龄层次等来设计不同的车型。打一个比方，假如在欧洲汽车的定位有 6 个级别的话，那么在日本很可能就有 15 个之多！

由于市场竞争激烈，精明的日本商人早就把市场细分成了无数个小块，而且改型后的车子之间的差别往往都很小，多数时候只是某项技术或者设计的更改。

图 5-43 讴歌 NSX

这也难怪东京车展上那些纷繁复杂的车型会让业内人士都看得头晕眼花了。而且有趣的是，东京车展中的很多车在日本以外的市场都不卖，很大一个原因是它定位得太细，在国外找不到对应的成规模的市场。

活动三 汽车俱乐部

汽车俱乐部（automobile club）是由汽车车主及汽车爱好者组成的，旨在传播汽车文化并为其成员提供各种服务的组织。

一、基本情况

随着汽车的诞生，1897 年英国成立了世界上最早的汽车协会——皇家汽车俱乐部，即现在的 RAC 前身，随后 1902 年美国 AAA 汽车俱乐部、1904 年 FIA 国际汽车联合会、1905 年 ACI 即意大利汽车俱乐部等相继诞生，如今世界上最早的汽车俱乐部已度过了百年诞辰。

图 5－44 汽车俱乐部

百年来世界经济日益繁荣，而汽车产业作为各国经济发展的火车头已经是无可置疑的事实。俗称美国是轮子上的国家，汽车成为美国人生活的一部分、文化的一部分。在欧洲，德国的汽车“梅赛德斯-奔驰”“BMW”等驰名品牌汽车是全世界高档汽车的标准与标杆。

图 5－45 汽车俱乐部会员

人们对汽车的需求与企盼不仅推动了汽车生产，同时推动汽车后服务市场的发展，为了满足车主不断膨胀的服务需求，汽车俱乐部扮演了汽车后服务市场的提供服务的主角，但这样的角色是演变而来的。

图 5 - 46　维护保养

汽车作为一个新事物的出现，免不了出现一批忠实的、热心的“粉丝”——汽车迷，他们聚合在一起，切磋驾驶技术、交流爱车心得、结伴驾车出行、讨论修理技术、寻觅配品备件、互相救助救援。这种实践的凝聚力催生了汽车俱乐部，这样的结果，决定了汽车俱乐部的本质：在特定的人群中，互助合作办事情，会员制是其必然的结果。

图 5 - 47　赛事运动

汽车俱乐部因为有着强大的市场发展基础，它的成长速度是惊人的，在这里，汽车不仅仅是代步工具，它已成为会员联系的纽带。汽车俱乐部的主要服务项目有：汽车救援、维修保养、金融服务、车辆保险、汽车旅游、展销咨询、赛事运动、连锁租赁等。

图 5-48　汽车旅游

二、主要分类

俱乐部的服务专业化程度越来越高，主要发展形成了 4 类汽车俱乐部：

（1）汽车爱好者俱乐部

主要由具有相同爱好的车主组织起来的俱乐部，如老爷车俱乐部、越野车俱乐部、改装车俱乐部等。

图 5-49　越野车俱乐部

（2）汽车品牌俱乐部

这是主要由拥有同一品牌汽车的车主组织起来的汽车俱乐部，如克莱斯勒俱乐部、路虎俱乐部等。

图 5-50　**路虎俱乐部**

（3）汽车救援俱乐部

这种俱乐部主要为车主提供各种及时救援服务，著名的有国际旅游联盟（AIT）、美国汽车协会（AAA）等。

图 5-51　**美国汽车协会（AAA）**

（4）其他汽车俱乐部

汽车俱乐部常常还提供免费刊物、举办展览、车赛、组织驾车旅游等服务，在汽车的发展和使用服务方面起着越来越重要的作用。

三、俱乐部现状及各国俱乐部

ADAC 全德国汽车俱乐部，现有 1500 万会员，成立于 1903 年，是一家企业化运作、非营利性、混合性的组织。拥有保险、空中救援、旅游、通信、汽车金融、汽车运动等领域的经营性公司 18 个，然而最基本的汽车救援等服务是以会员制的方式，收取少量的年费，以便向客户提供服务时不收费或少收费。ADAC 也是 AIT（国际汽车旅游联盟）与 FIA（国际汽车协会）的双重会员。ADAC 俱乐部会员数，仅次于拥有 4800 万会员的美国汽车俱乐部。

ADAC 拥有救援直升机 39 架、27 个直升机站，自成立以来，执行过 130 万次的救援任务。ADAC 在海外，包括美国、加拿大及欧洲各国等，拥有 16 个海外会员救援呼叫中心，并配备德语为母语的工作人员，为会员提供各种（包括医疗在内）救助。

图 5－52　陆地救援

ADAC 追求高质量的救援网络建设，除不断完善自有的网络拓扑外，发展了 4100 个合作伙伴，与他们签订特约服务合同，建立通信联系、疏通指挥渠道，巩固、发展合作伙伴关系，实现更加有效、及时地向公众提供服务的目的。

ACI 意大利汽车俱乐部集团，成立于 1905 年，公开声明自己是法定的非营利组织，却是一个上市公司。拥有 106 家汽车俱乐部，11 个全资公司，7 个参股公司，经营范围涉及旅游、保险、通信、出版物、传媒、救援、汽车运动、二手车评估等各个领域。13个分支机构遍布意大利全国。

受国家委托，从1927年开始，机动车登记及国家车辆信息数据库管理由ACI负责，并监控车辆征税状态。数据库资源无偿为国家服务。ACI的会员每年交纳70欧元的会费，可以得到免费救援、安全驾驶培训等服务，倘若会员通过该集团所属的保险公司购买保险，不仅可以达到20%的优惠，还可以得到每年2～4次的免费救援服务。

图5-53 空中救援

日本汽车联合会（Japan Automobile Federation，简称JAF），成立于1962年，现有会员1720万，基本会费每年2000日元。日本汽车联合会也公开称自己为公众组织，他们的宗旨：为增强驾车人的安全与提高安全意识服务，努力改善驾驶安全与公共交通环境与秩序。这样的宗旨还体现在他们提出的三原则之中，即面向服务的原则；面向挑战的原则；开放的原则。也就是说为会员服务是该机构的第一宗旨；不断改进服务，面向新的挑战，是提高为会员服务质量的根本；保持与会员的联系，利用各种手段与机会创造一个透明的运行环境，使会员充分地了解自己，是该机构不断发展，保持生命力的根本。

考虑到在21世纪，现在16～17岁的青少年，将是摩托化社会的骨干以及老龄化社会到来的现实。日本汽车联合会别具特色地开发了面向个体会员、家庭会员、16～17岁青少年，满足的不同人群、不同需求的不同内容的服务，兑现了他们的服务宗旨。

图 5-54 JAF 模拟总部

澳大利亚汽车协会（The Australian Automobile Association，简称 AAA）成立于 1924 年，由 8 个州和地区的俱乐部组成，现有会员 620 万人。协会的宗旨是：让所有的成员保持汽车服务领域的世界一流水平。使命是提高驾车人对公共政策的影响力，推动会员有效地利用俱乐部。

图 5-55 JAF 模拟救援站

该俱乐部对“新车碰撞试验程序与检测标准”项目是否能代表驾车人的利益，作为是否能站在驾车人立场上的一个重要标志。ANCAP（Australian New

Car Assessment Program）是 AAA 代表公众利益设立的一项试验项目。不同年份、不同车型的新车碰撞检测的结果被公开在网站上，任何人均可以查阅。AusRAP（The Australian Road Assessment Program）作为 ANCAP 的姐妹项目，它的作用是绘制一张道路风险图，告知驾车人、提示驾车人，某种道路、某条高速公路的事故风险率，以保障安全出行。该系统每年将实际发生事故的数据：死亡人数、伤害人数、事故类型等进行统计分析，做出报告，并公示给社会大众。

图 5-56　汽车服务宣传运动

各种具体的服务与活动是通过 NRMA、RACV、RACQ、RAA、RAC、RACT、AANT、RACA 等八个州或地区俱乐部落实的。提供的各类服务与美国 AAA 向车主提供的各种服务类似。

项目六　汽车新技术与汽车未来

活动一　新能源汽车

随着世界经济的快速发展，能源与环境已经成为人类发展和生存的重大问题。内燃机汽车使用的燃料均为一次性能源，开发使用后便不可再生。同时随着全球能源消耗的增加，地球的矿物能源已面临枯竭，环境问题也日益突出。在世界各地的大、中城市，大气污染物中约40%～70%来自内燃机汽车的尾气排放。

图6-1　汽车尾气污染

中国大城市的污染状况目前是全世界最为严重的，全世界空气污染最严重的20个城市中，有10个在中国。而中国华北、华东的大城市调查中，大气污染的70%来自汽车的尾气排放。基于这些原因，新能源汽车就成为解决能源与环境问题的一个选择。2012年国务院《节能与新能源汽车产业发展规划（2012—2020年）》定义新能源汽车为采用新型动力系统，完全或主要依靠新型能源驱动的汽车。新能源汽车主要包括混合动力汽车、纯电动汽车及燃料电池汽车。

一、混合动力汽车

由两种和两种以上的储能器、能源或转换器作为驱动能源，其中至少有一种能提供电能的车辆称为混合动力汽车（Hybrid Electric Vehicle，简称 HEV）。

混合动力汽车将是短期和中期新能源汽车发展的主导力量，燃料电池汽车则是长期发展的重点。按其结构形式的不同，主要分为并联、串联和混联三种。

串联的形式相当于发动机只充当一台发电机的角色，它的运转只为供给车辆行驶所需的电能。这种系统适用于城市运行。车辆在城市运行时，需要频繁起步、停车、加速和低速运行，在这些工况下，传统燃油车发动机的油耗高、排放性能差，而串联式 HEV 的发动机受行驶工况影响小或者不受影响，可工作于稳定、高效的最佳工况区域；同时，发电机组与机械传动装置无机械连接，布置较灵活，结构和工作原理比较简单，系统的设计和实现难度相对较低。但是其能量转换、传输环节多，能量转换效率比较低。电机的额定功率要求比较大，相应体积和质量也较大，这是因为电机是唯一直接驱动车辆的动力装置，需要满足最高车速、加速、爬坡等所有工况的功率要求等方面的不足（图 6－2）。

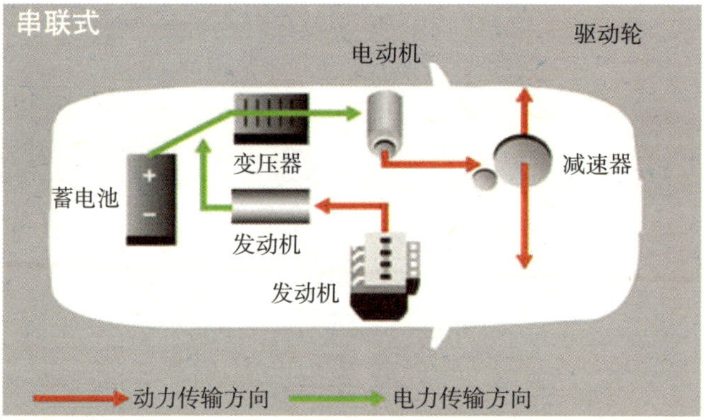

图 6－2　串联式混动系统

并联式混合动力的两个系统既可以同时协调工作，也可以各自单独工作驱动汽车。这种系统动力性好，最高车速、加速能力和爬坡能力可做到与传统汽车相同。发动机动力可通过机械传动装置直接输出到驱动轮，无机械能—电能转换。与串联式相比，系统效率较高，利于获得好的经济性。电池数量少，利于电池布置、整车质量减小及降低成本。但是这种系统动力部件多，有多种驱动组合和运行模式。控制系统设计和实现较难。动力合成需要动力耦合装置。系统还配置变速器、驱动桥等传动装置，机械传动机构比较复杂，布置和控制较困难。发动机与驱动轮有机械联接，运行工况受行驶工况影响。行驶工况频繁变化时，发动机状态也不断变化，对减少排放不利（图 6－3）。

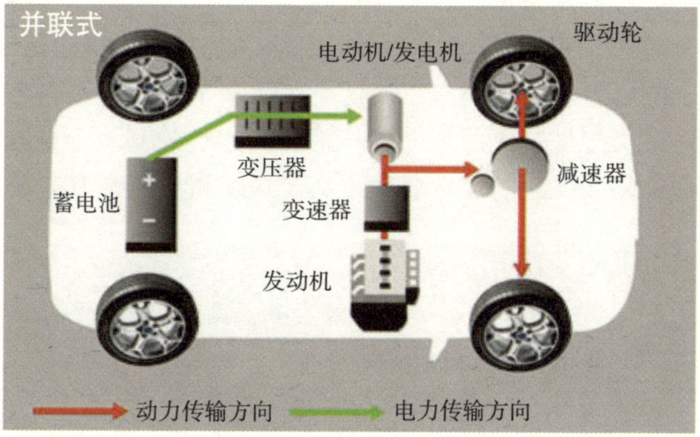

图 6-3　并联式混动系统

混联式混合动力系统的特点在于发动机系统和电机驱动系统各有一套机械变速机构，两套机构或通过齿轮系，或采用行星轮式结构结合在一起，从而综合调节内燃机与电动机之间的转速关系。与并联式混合动力系统相比，混联式动力系统可以更加灵活地根据工况来调节发动机的功率输出和电机的运转。此联结方式系统复杂，成本高（图 6-4）。

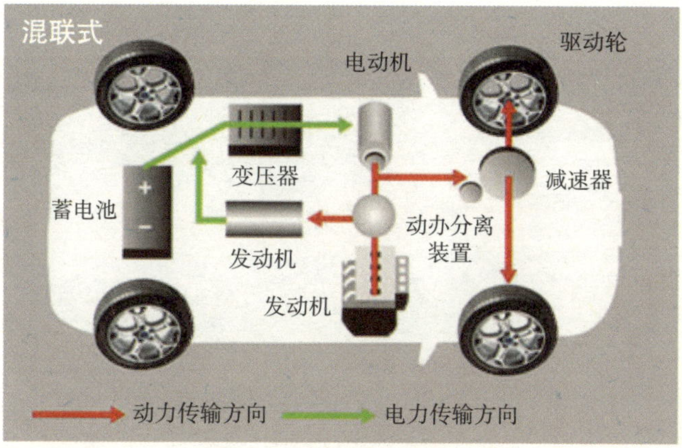

图 6-4　混联式混动系统

目前，混合动力汽车分为传统的油电混合动力和插电式混合动力，这两者有着很大的不同。

1. 传统油电混合动力

优点：节油、实用价值较高。特别是深度混合动力车型，城市油耗可以比同等级别汽油车低 50%。这种技术对电池依赖性不大，因此可以得到广泛应用，在日本和北美，它的普及率很高。

缺点：能源仍来自石油。无论多好的混合动力技术，它的能量仍来自燃油，它只不过相当于把内燃机效率提高了而已，因此在节能本质上与前面说的柴油机没有区别；另外，从能量转换的角度讲长距离高速行驶基本不能省油。由于属于新技术，而且结构复杂，它的成本要明显高于内燃机，影响其普及。

图 6－5　非插电式丰田普锐斯

图 6－6　非插电式吉利帝豪 HEV

2. 插电式混合动力

插电式混合动力与传统的油电混合有着很大的不同。这种技术本质上可以看作是电动车，它绝大多数情况下是靠电力驱动的，但同时它配备了一台功率较小的内燃机，可以解决电动车续航里程不足的问题。

优点：短途使用零油耗、零排放、续航不成问题。其采用的电池类型和容量都不是传统混合动力车型可比的，大多数这类车型的理论行驶里程在 100 公里左右，实际使用里程也能有 50 公里左右，满足日常上下班没有问题。

图 6－7　插电式宝马 i8（进口）

图 6－8　插电式比亚迪唐

缺点：仍需两套系统，电池容量大，成本高。与纯电动车一样，插电式混合动力仍需采用大量的电池，其电池容量比传统的混合动力车型要大得多，这种成本是硬性的，除非电池技术有突破，否则无法解决。另外与纯电动车相比，它还得加入内燃机系统，进一步增加了成本。

与普通混合动力车主要区别是：

（1）可以直接由外接电源充电，传统混合动力车只在行驶时，发动机为电池充电以及回收制动能量。

（2）电池容量较大，有更大的纯电动行驶里程。

（3）优先以电力作为动力源，电驱动比例比普通混合动力车高，对燃料的依赖度减小。

二、纯电动汽车

广义上的纯电动汽车是由电机驱动的车辆，驱动电能来源于车载储能装置（蓄电池、超级电容、飞轮储能装置等）。包括：道路行驶电动车辆，低速工业用电瓶车，机场、码头、仓库用的电动运输车和电动叉车，电动游览车，电动巡逻车以及各种电动专用车等。狭义上纯电动汽车是由电机驱动，从车载储能装置获得电能，同时满足道路安全法规对汽车的各项要求，允许在正规道路行驶的车辆。燃油汽车主要由发动机、底盘、车身和电气四大部分组成。纯电动汽车的结构与燃油汽车相比，主要增加了电力驱动控制系统，而取消了发动机，电力驱动控制系统的组成与工作原理如图 6－11 所示，它由电力驱动主模块、车载电源模块和辅助模块三大部分组成。当汽车行驶时，由蓄电池输出电能（电流），通过控制器驱动电动机运转，电动机输出的转矩经传动系统带动车轮前进或后退。电动汽车续驶里程与蓄电池容量有关，蓄电池容量受诸多因素限制。要提高一次充电续驶里程，必须尽可能地节省蓄电池的能量。

图 6－9　纯电动蔚来 ES8

1. 电力驱动主模块

电力驱动主模块主要包括中央控制单元、驱动控制器、电机、机械传动装置和车轮等。它的功用是将存储在蓄电池中的电能高效地转化为车轮的动能，并能够在汽车减速制动时，将车轮的动能转化为电能充入蓄电池。

图 6-10　纯电动特斯拉 Model s

中央控制单元根据加速踏板和制动踏板的输入信号，向驱动控制器发出相应的控制指令，对电动机进行启动、加速、减速、制动控制。

驱动控制器是按中央控制单元的指令和电动机的速度、电流反馈信号，对电动机的速度、驱动转矩和旋转方向进行控制。驱动控制器必须和电动机配套使用。

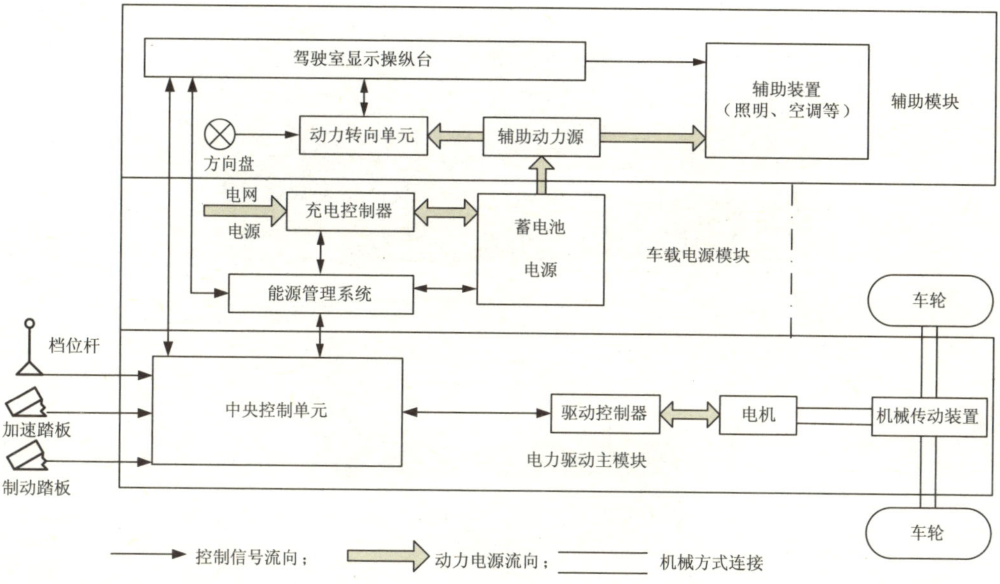

图 6-11　纯电动汽车结构原理图

电机在电动汽车中被要求承担电动和发电的双重功能，即在正常行驶时发挥其主要的电动机功能，将电能转化为机械能；在减速和下坡滑行时又被要求进行发电，将车轮的惯性动能转化为电能。

机械传动装置是将电动机的驱动转矩传输给汽车的驱动轴，从而带动汽车车轮行驶。

2. 车载电源模块

电源电源模块主要包括蓄电池电源、能量管理系统和充电控制器等。它的功用是向电动机提供驱动电能、监测电源使用情况以及控制充电机向蓄电池充电。

纯电动汽车的能量管理主要是指电池管理系统，它的主要功用是对电动汽车用电池单体及整组进行实时监控、充放电、巡检、温度监测等。

充电控制器是把交流电转化为相应电压的直流电，并按要求控制其电流。

3. 辅助模块

动力转向系统是为实现汽车的转弯而设置的，它由转向盘、转向器、转向机构和转向轮等组成。作用在转向盘上的控制力，通过转向器和转向机构使转向轮偏转一定的角度，实现汽车的转向。

4. 分类

(1) 按用途：电动轿车、电动客车、电动货车和电动专用车（如电动环卫车、工程车等）；

图 6－12　纯电动客车和游览车

（2）按车载储能装置：单能源 EV 和多能源 EV。单能源 EV 一般采用蓄电池或超级电容，多能源 EV 采用多个储能装置，其中一个为蓄电池。

图 6－13　纯电动专用车

5. 纯电动汽车的充电

（1）常规充电方法：主要有恒流充电法、恒压充电法和阶段充电法。

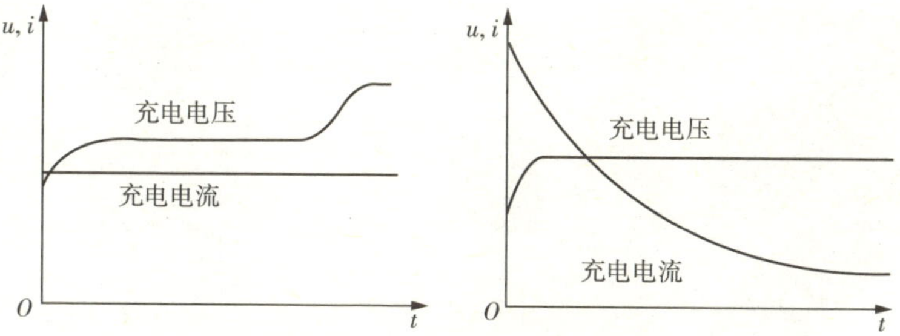

图 6－14　常规充电方法充电曲线

（2）快速充电方法：主要有脉冲快速充电、变电流间歇和变电压间歇快速充电法。

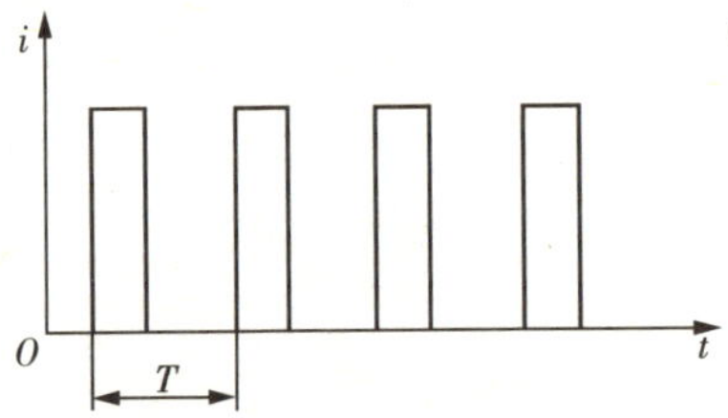

图 6－15　脉冲快速充电曲线

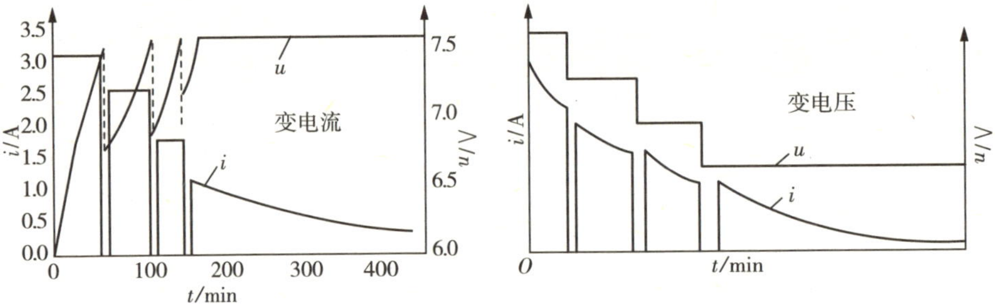

图 6－16　变参数快速充电充电曲线

6. 充电机

（1）按充电机安装位置分类可分为车载充电机和非车载充电机。

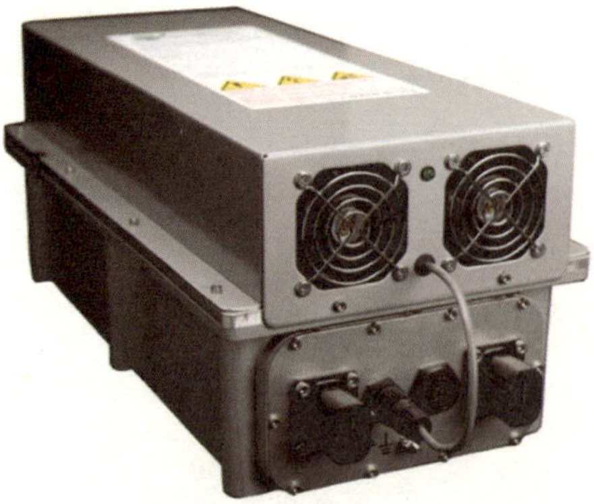

图 6－17　车载充电机

图 6－18　一体式非车载充电机

（2）按能量转换方式分类可分为接触式充电机和感应式充电机。

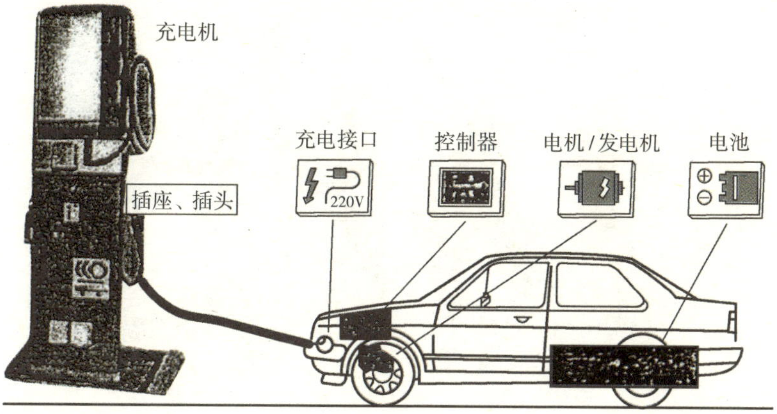

图 6-19　常规充电曲线

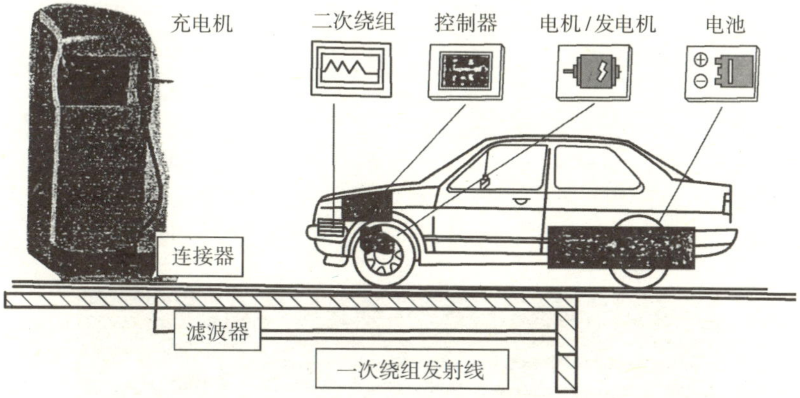

图 6-20　常规充电曲线

三、燃料电池汽车

1. 什么是燃料电池

燃料电池是一种将储存在燃料和氧化剂中的化学能通过电极反应直接转化为电能的发电装置。它平时将燃料（如氢气、甲醇等）和氧化剂（如氧气）分别作为电池两极的活性物质保存在电池的本体之外，当使用时连续通入电池体内，使电池发电。燃料电池本体由质子交换膜、膜电极和集流板三部分组成。图 6-12 为质子交换图。

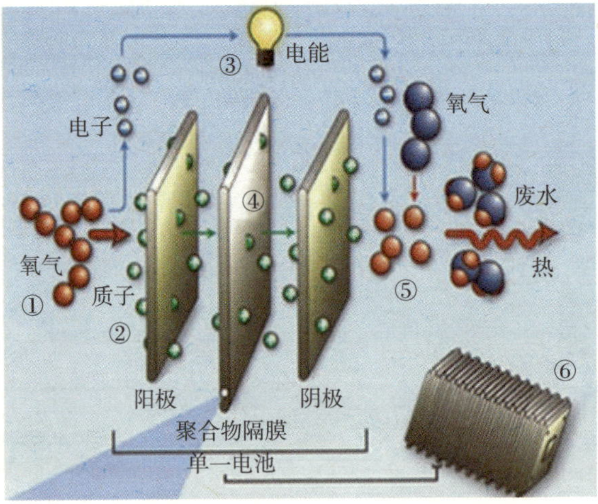

图 6-21　质子交换图

2. 特点

1）优点：

（1）效率高。燃料电池不是热机，因此不受卡诺循环的限制，效率很高，目前已达 60%。

（2）零排放或排放极低，对环境基本无污染。燃料电池没有燃烧过程，用化学方式直接转换化学能，属于“冷燃烧”。氢氧燃料电池的产物只有水，没有其他废气排出。

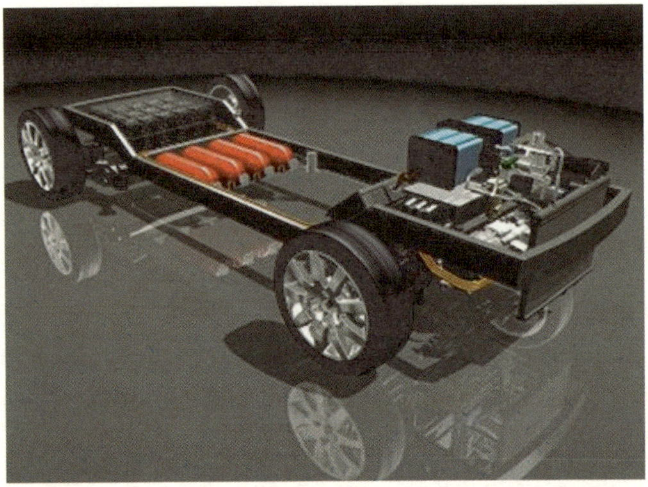

图 6-22　燃料电池布局

(3) 过载能力强。燃料电池的短时过载能力可达 2 倍的额定功率或更大，而内燃机没有这样强的过载能力，燃料电池的这个特点特别适合汽车的短时加速的特性。

(4) 振动与噪声小。燃料电池属于静态能量转换装置，无运动部件，因此在运行过程中噪声和振动很小。

(5) 易于实现模块化。燃料电池容易通过串联、并联等模块化组合，提高输出功率。

2) 不足：

(1) 燃料电池汽车基本性能需要进一步提高，满足方便、实用的需求。例如提高燃料电池组的功率密度，加快其起动速度，增强电解质的温度适应范围等。

(2) 目前的燃料电池辅助设备复杂，质量和体积较大，并且燃料电池系统及整车的成本较高，成为燃料电池汽车推广的一个障碍。

(3) 燃料供给体系尚需建设。

3. 燃料电池汽车的组成

燃料电池汽车动力系统由燃料电池系统、储能单元、辅助动力源、DC/DC 转换器、动力控制单元、电机组成。核心是燃料电池组，还包括：燃料供给系统、空气供给系统、气体加湿系统、生成物处理系统、热管理系统。

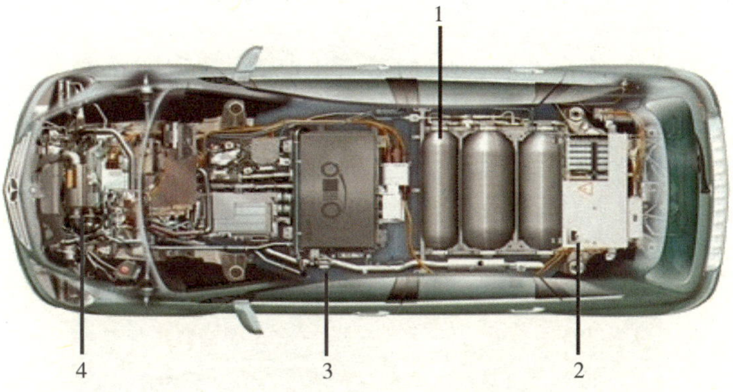

图 6－23　燃料电池汽车动力系统布置

1—能量单元；2—辅助动力源；3—燃料电池系统；4—驱动电机

4. 燃料电池汽车的类型

按燃料来源分为直接燃料式、重整式。

(1) 直接燃料式 FCV

车载燃料（主要为纯氢）作为燃料电池组的阳极燃料。

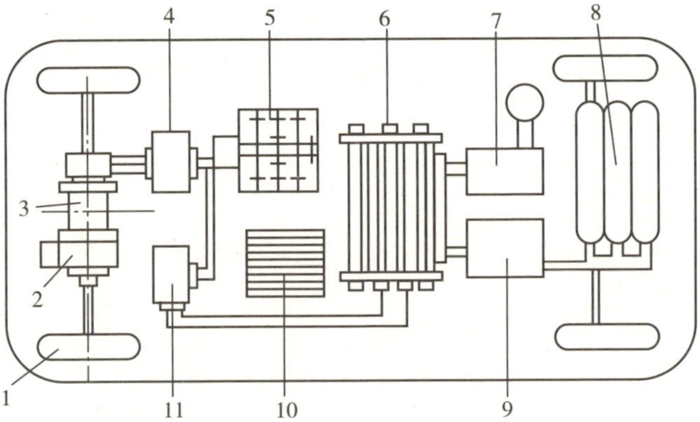

图 6-24　车载燃料式 FCV 布置方案

1—驱动轮；2—驱动系统；3—驱动电动机；4—逆变器；5—辅助电源装置；6—燃料电池组
7—空气压缩机；8—氢气储存罐；9—氢气供应系统辅助装置；10—中央控制器；11—DC/DC 变换器

（2）重整式 FCV

用甲醇、汽油、天然气、液化石油气等燃料，在车上通过重整器生成氢气，再提供给燃料电池组作为阳极燃料。

图 6-25　燃料汽车丰田 FCHV-Adv

5. 氢的比能量和能量密度

（1）比能量

从电极活性材料的角度说，参与电极反应的单位质量的电极材料放出电能的大小称为该电池的比能量。

（2）能量密度

能量密度（Energy density）是指在一定的空间或质量物质中储存能量的大小。

表 6-1　氢的比能量和能量密度

燃　料	比能量（Wh/lg）	C 能量密度（Wh/L）
压缩氢气（20MPa，常温）	33600	600
液态氢气（低温，0.1MPa）	33600	2400
储氢镁	2400	2100
储氢钒	700	4500
甲　醇	5700	4500
汽　油	12400	9100

燃料电池电动汽车的商用量产普及还需要破解整车集成与轻量化，高性能燃料电池制造与使用的低成本与安全性，氢的生成、储存和配置，甚至雾霾等严重的空气污染对电催化剂和燃料电池发电性能的影响等问题，燃料电池电动车进入市场仍然需要经历相当长的过程。值得指出的是，FC 燃料电池是人类迄今为止发明的最清洁、安静又可无限再生的能源，尤其是在世界性能源危机出现和节能减排任务日益迫切的情况下，国内外普遍高度重视并持续推进实现燃料电池电动汽车的产业化，将为实现更加美好的人类生活作出贡献。

图 6-26　燃料汽车荣威 950

四、车用动力电池

蓄电池是一种能量储存装置，按电能→化学能→电能→化学能的可逆变换过程来工作，能量转换受到“活性物质”的局限。至今可用于电动汽车的蓄电池有铅酸电池、镍氢电池、锂离子电池、镍镉电池、锌空气电池、钠硫电池等。

1. 铅酸电池

主要由极板、隔膜、电解液、外壳等组成。

图 6-27 铅酸蓄电池

1—正极板塞弃红色二氧化铅；2—负极板塞充海绵状铅；3—电解液稀硫酸

2. 镍氢电池（Ni-MH）

镍氢电池由正极、负极、隔膜、电解液、电池钢壳以及顶盖、密封圈等附件组成，镍氢电池外形有圆柱形和方形两种。

3. 锂离子电池

锂是最轻的金属，暴露在空气或遇水会发生燃烧。在充放电过程中，锂离子通过电解质游离于正负极之间。主要由正极 $LiMnO_2$（氧化锰锂）、$LiNiO_2$（氧化镍锂）等锂化金属化合物，负极天然石墨、人造石墨和层状石墨的锂碳化物 LixC 等和非水电解质——有机溶液（液态

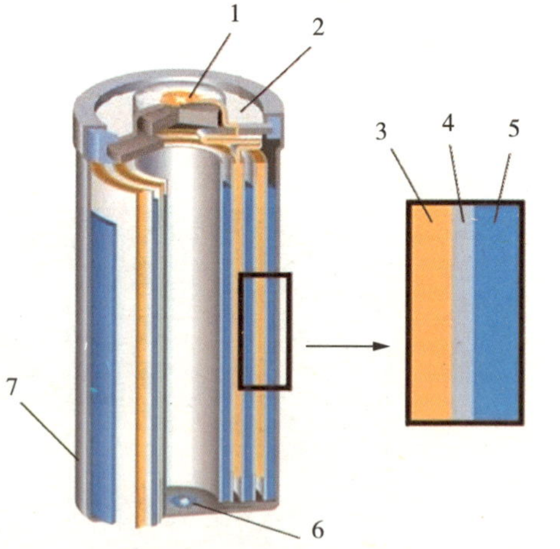

图 6-28 镍氢电池

1—正极接线柱；2—密封圈；3—正极板；4—隔膜；5—负极板；6—负极集电极；7—金属外壳

锂离子电池）或固体聚合物（聚合物锂离子电池）电解质组成。

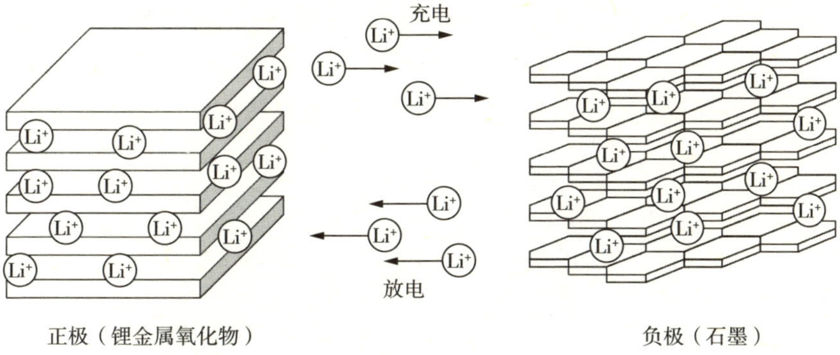

图 6-29　锂离子电池工作原理

五、车用驱动电机

车辆电驱动系统的功用是在驾驶员的控制下，高效率地将蓄电池的能量转化为车轮的动能，或者将车轮上的动能反馈到蓄电池中。主要由电气系统部分和机械部分组成，其中电气系统由驱动电机、功率转换器和电子控制器组成，机械部分由机械传动装置（可选）和车轮组成。根据不同的使用条件可分为直流电机、交流异步电机、永磁同步电机、无刷直流电机和开关磁阻电机。

1. 直流电机

直流电机是指能将直流电能转换成机械能（直流电动机）或将机械能转换成直流电能（直流发电机）的旋转电机。

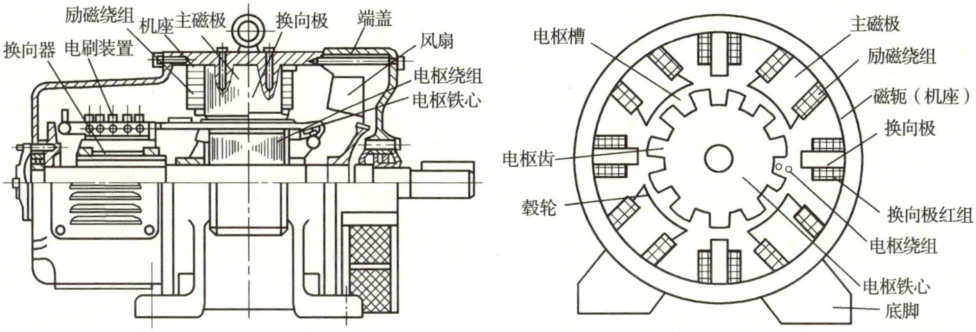

图 6-30　直流电机

2. 交流异步电机

交流异步电动机是一种将电能转化为机械能的电力拖动装置。它主要由定子、转子和它们之间的气隙构成。对定子绕组通往三相交流电源后，产生旋转磁场并切割转子，获得转矩。三相交流异步电动机具有结构简单、运行可靠、价格便宜、过载能力强及使用、安装、维护方便等优点，被广泛应用于各个领域。

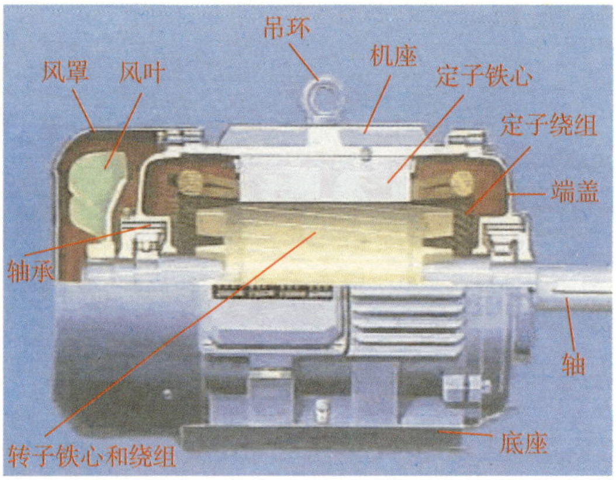

图 6-31 交流异步电机

3. 永磁交流电机

永磁交流电机根据输入电机接线端的交流波形，永磁交流电机分为输入交流正弦电流的永磁同步电机和输入交流方波电流的无刷直流电机。

(1) 永磁同步电机

永磁同步电机是由永磁体励磁产生同步旋转磁场的同步电机，永磁体作为转子产生旋转磁场，三相定子绕组在旋转磁场作用下通过电枢反应，感应三相对称电流。

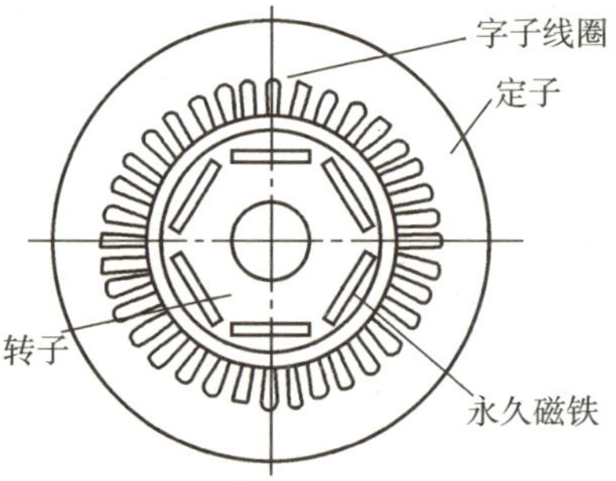

图 6-32 永磁同步电机

(2) 无刷直流电机

无刷直流电机由电动机主体和驱动器组成，是一种典型的机电一体化产品。无刷电机是指无电刷和换向器（或集电环）的电机，又称无换向器电机。早在19 世纪诞生电机的时候，产生的实用性电机就是无刷形式，即交流鼠笼式异步电动机，这种电动机得到了广泛的应用。但是，异步电动机有许多无法克服的缺陷，以致电机技术发展缓慢。20 世纪中叶诞生了晶体管，因而采用晶体管换向电路代替电刷与换向器的直流无刷电机就应运而生了。这种新型无刷电机称为电子换向式直流电机，它克服了第一代无刷电机的缺陷。

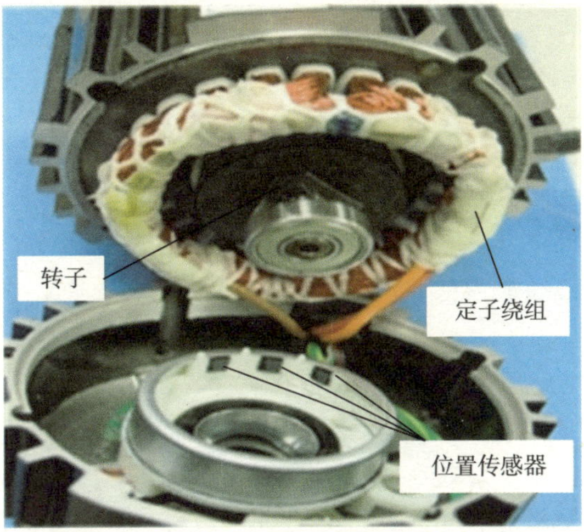

图 6-33　无刷直流电机

4. 开关磁阻电机

开关磁阻电机是一种新型调速电机，调速系统兼具直流、交流两类调速系统的优点，是继变频调速系统、无刷直流电动机调速系统的最新一代无极调速系统。它的结构简单坚固，调速范围宽，调速性能优异，且在整个调速范围内都具有较高效率，系统可靠性高。主要有开关磁阻电机、功率变换器、控制器与位置检测器四部分组成。控制器内包含功率变换器和控制电路，而转子位置检测器则安装在电机的一端。

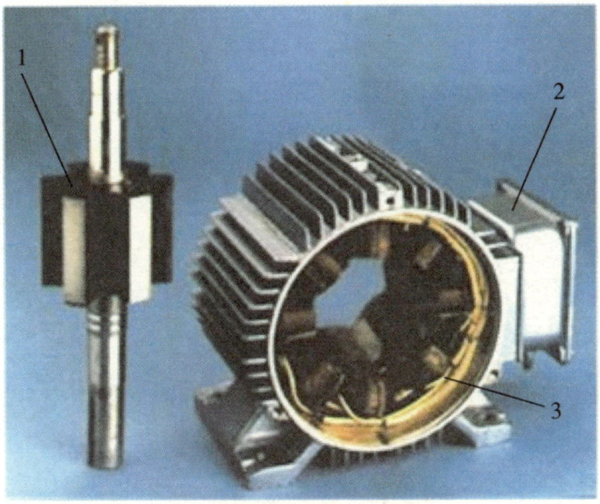

图 6-34　永磁同步电机

1—转子；2—接线盒（内含功率开关）；3—定子

活动二　汽车轻量化

汽车的轻量化，就是在保证汽车的强度和安全性能的前提下，尽可能地降低汽车的整备质量，从而提高汽车的动力性，减少燃料消耗，降低排气污染。实验证明，汽车质量降低一半，燃料消耗也会降低将近一半。由于环保和节能的需要，汽车的轻量化已经成为世界汽车发展的潮流。

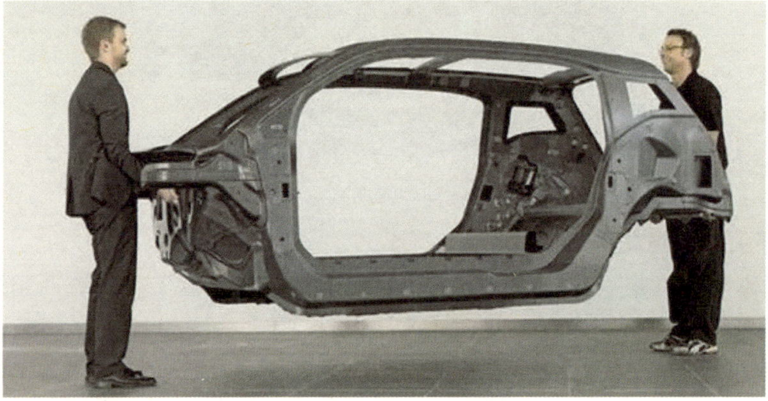

图 6－35　新材料型车身

一、汽车轻量化的途径

汽车轻量化技术是设计、材料与制造技术的集成应用，实现汽车车身的结构轻量化的主要途径有两个：一是制造工艺的创新，二是材料的轻量化。

1. 新工艺的开发与应用

微发泡注塑工艺在材料减重上具有优势，微发泡工艺可节省 20%左右的产品原材料，有利于内外饰件轻量化；此外微发泡工艺注塑可减小或消除了常规模塑在合模和保压过程中产生的模内应力，提升了产品成型尺寸精度。

2. 材料的轻量化

由于钢铁材料在强度、塑性、抗冲击能力、回收使用及低成本方面具有综合的优越，其在汽车材料中的主导地位仍是不可动摇的。但高强度钢和超高强度钢的应用，如汽车车身、底盘、悬架、转向等零部件上，将有较大增长。除此之外，铝镁合金在汽车上的用量也将明显增加。工程塑料、复合材料所占比例将明显增长。材料方面的优化既能改进汽车性能，又能显著减小质量。要实现多材料轻量化结构设计，必须强调“合适的材料用在合适的部位”。下面是常见的几种新型材料：

（1）高强度钢板

采用高强度钢板可以达到减薄车身用板的厚度和重量的目的，在轻量化的同时，增加了安全性能。相对于传统的340MPa的材料，600MPa级的钢种在理论上的减重潜能大约为20%；然而，对于800MPa的材料，其减重潜能会提高至30%以上。

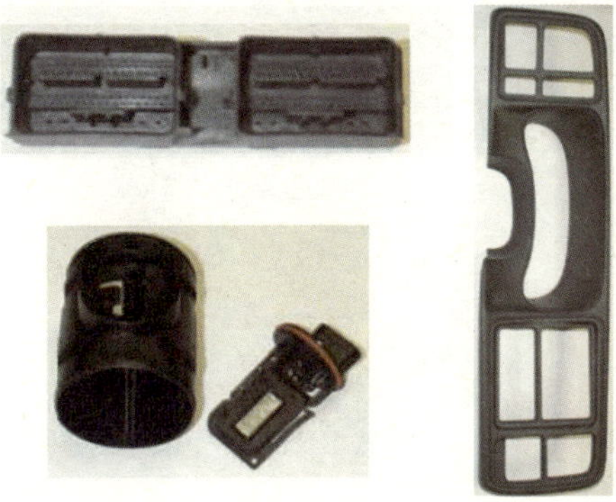

图6-36　微发泡注塑装饰件

图6-37　高强度钢板车身

（2）铝及铝合金

汽车工业运用最多的是铸造铝合金和形变铝合金。运用形变铝材制造车身面板的技术已经比较成熟，包括发动机罩、行李箱罩、车门、翼子板等。保险杠、轮毂和汽车结构零件也广泛使用铝合金材料。市场上绝大部分的发动机缸盖都已经是铝合金材料，部分轿车发动机为全铝发动机，相比同等排量铸铁发动机，使用铝缸体的发动机能减轻20kg左右的重量。

（3）镁及镁合金

镁是比铝更轻的金属材料，它可在铝减重基础上再减轻15%～20%。尽管镁在当前汽车用材中所占的比例不到1%，但是在轻量化的驱动下，镁材料技术开发的力度不断加大，已步入快速发展阶段。到目前为止，汽车上采用镁合金的零部件至少超过60种。但其铸造性差，后处理工艺复杂，成本高。

图 6-38　铝合金水泵壳体和轮毂

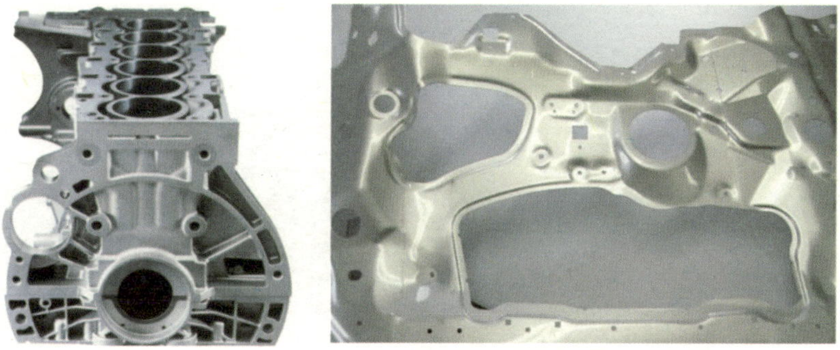

图 6-39　镁合金气缸和护板

(4) 工程塑料

塑料在汽车上的应用零部件分为三类：内饰件、外饰件和功能件。

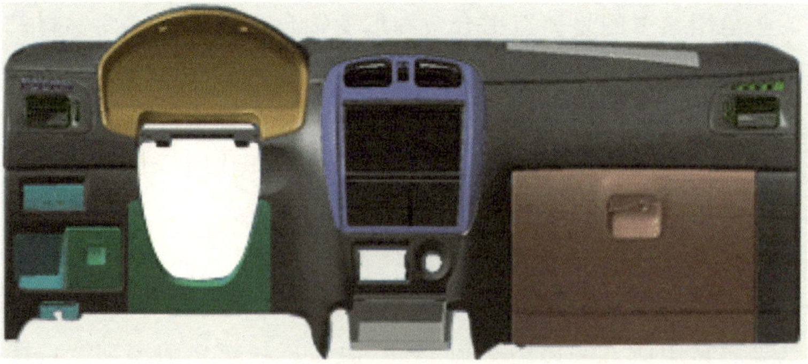

图 6-40　塑料内饰件

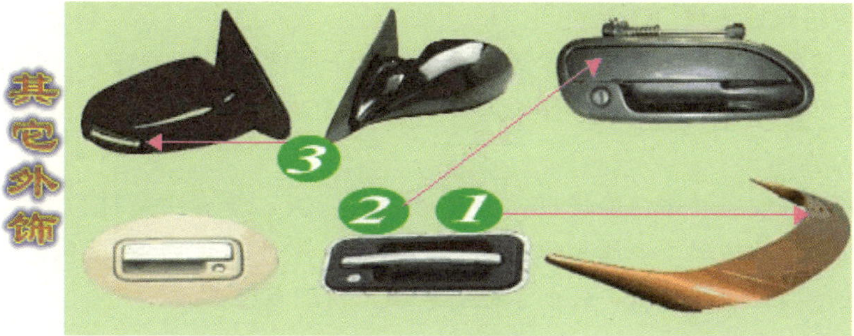

图 6-41　塑料外饰件

图 6-42　塑料功能件

二、汽车轻量化示例

1. 塑料翼子板（fender）

传统的翼子板基本都是金属材质，单件质量在 2.5 千克左右；在满足使用的同等情况下，如果选用新型材料 PPO+PA 的结构，质量可下降一半左右，达到 1.2 千克。

图 6-43　PPO+PA 翼子板

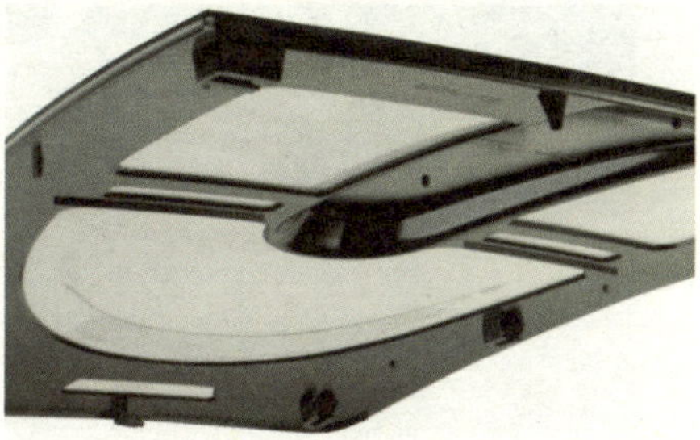

图 6-44　塑料车窗玻璃

2. 塑料车窗玻璃

车窗玻璃是功能性很强的零部件，车窗是车厢四壁设置的窗户，为了挡风遮雨，但又不遮挡视线，车窗一般采用玻璃材料，随着时代变迁，车窗材料也日新月异。

传统材料玻璃使用性能优良，但质量相对较大，新应用型材料 PC，质量较轻，同等大小的情况下，质量仅是玻璃的一半。除此之外，PC 结构的车窗各个零件集成度高，造型独特，降低了原有玻璃车窗的复杂性。

图 6－45　PC 材料玻璃

3. 陶瓷材料

陶瓷材料是继金属、塑料之后发展起来的第 3 大类材料。发展只有 20 年左右，但具有优良的力学性能（高强度、高硬度、耐腐蚀、耐磨损等）和化学性能（耐热冲击、耐氧化、蠕变等）。作为轻量化材料用于汽车零件，不仅直接起到轻量化的作用，更因其优良的耐热性、耐腐蚀性和耐磨性，用于汽车发动机燃烧室及热交换器等零件，可使功率提高，油耗大大下降，从节能角度看则间接地起到轻量化效果。

图 6－46　陶瓷刹车片

图 6－47　陶瓷轴承

以下是以塑代钢高性能技术应用示意图：

（1）外饰新型技术应用总览

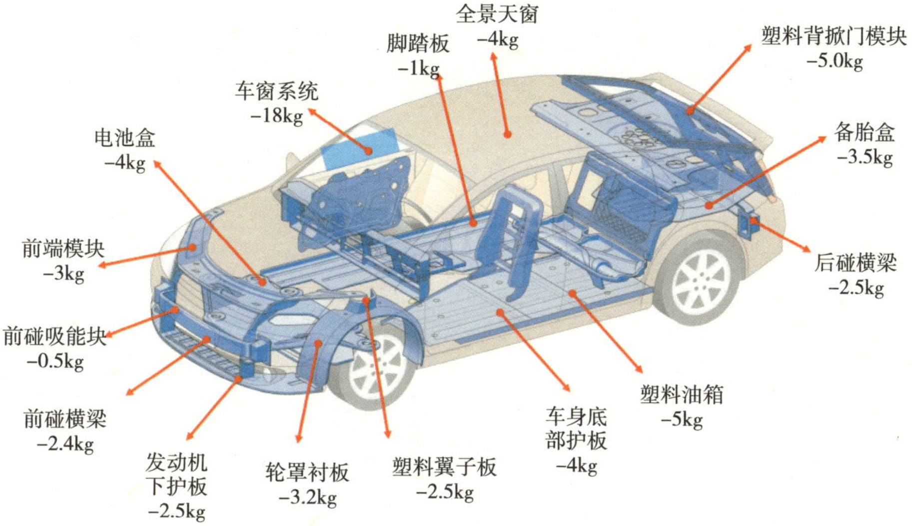

图 6-48　以塑代钢外饰轻量化效果

（2）内饰新型技术应用总览

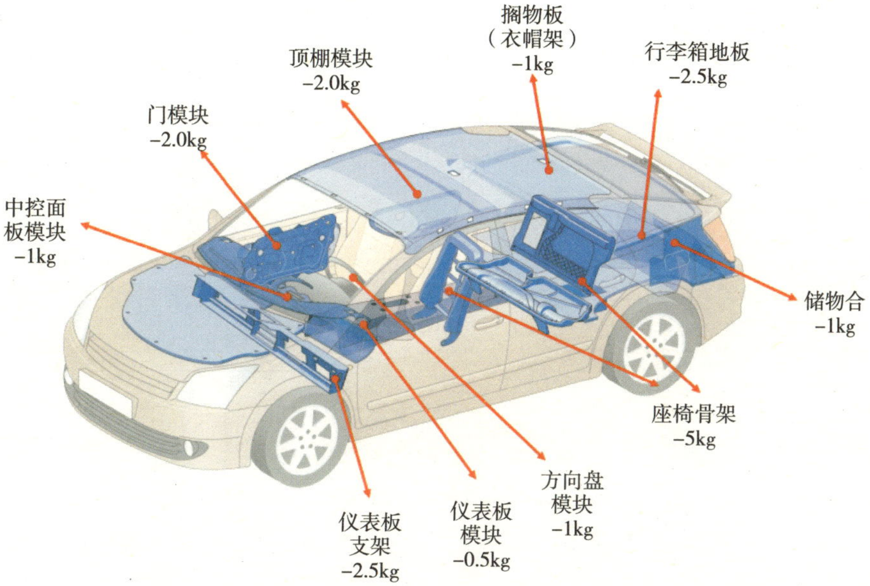

图 6-49　以塑代钢内饰轻量化效果

4. 蜂窝夹层材料

蜂窝夹层材料是早已在飞机上采用的材料，其最大特点是刚性高、比强度高、密度低。目前应用在汽车上的实例还不多，但应用研究在不断前进，将来会得到较多的运用。

活动三　智慧汽车发展规划

智能车辆是一个集环境感知、规划决策、多等级辅助驾驶等功能于一体的综合系统，它集中运用了计算机、现代传感、信息融合、通信、人工智能及自动控制等技术，是典型的高新技术综合体。目前对智能车辆的研究主要致力于提高汽车的安全性、舒适性，以及提供优良的人车交互界面。近年来，智能车辆已经成为世界车辆工程领域研究的热点和汽车工业增长的新动力，很多发达国家都将其纳入各自重点发展的智能交通系统当中。

所谓“智能车辆”，就是在普通车辆的基础上增加了先进的传感器（雷达、摄像）、控制器、执行器等装置，通过车载传感系统和信息终端实现与人、车、路等的智能信息交换，使车辆具备智能的环境感知能力，能够自动分析车辆行驶的安全及危险状态，并使车辆按照人的意愿到达目的地，最终实现替代人来操作的目的。图 6－50 为智能车载产品种类分列图。

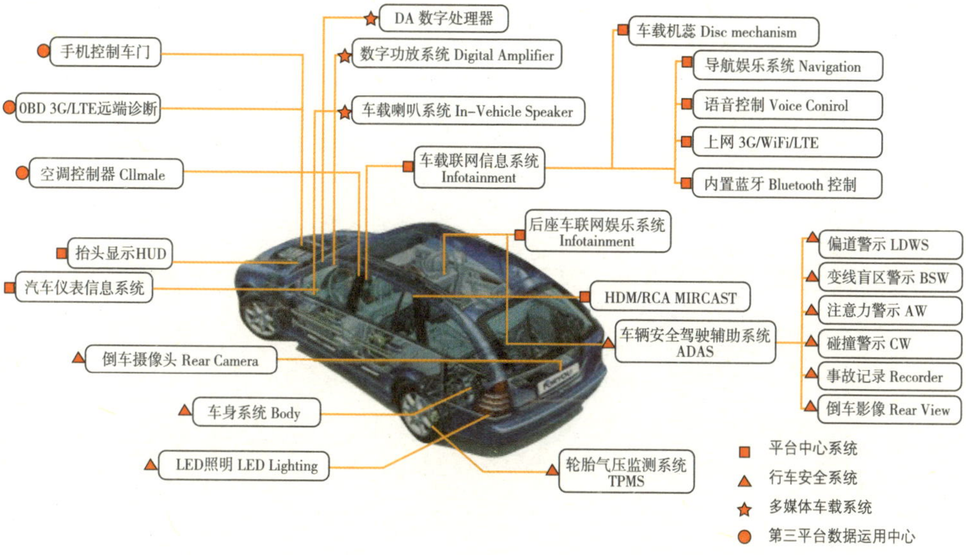

图 6－50　智能车载产品种类分列图

从发展的角度，智能汽车将经历两个阶段。第一阶段是智能汽车的初级阶段，即辅助驾驶；第二阶段是智能汽车发展的终极阶段，即完全替代人的无人驾驶。以下是智能汽车这两个阶段所需经历的五个层次。

1. 无智能化（层次0）

由驾驶员时刻完全地控制汽车的原始底层结构，包括制动器、转向器、油门踏板以及起动机。

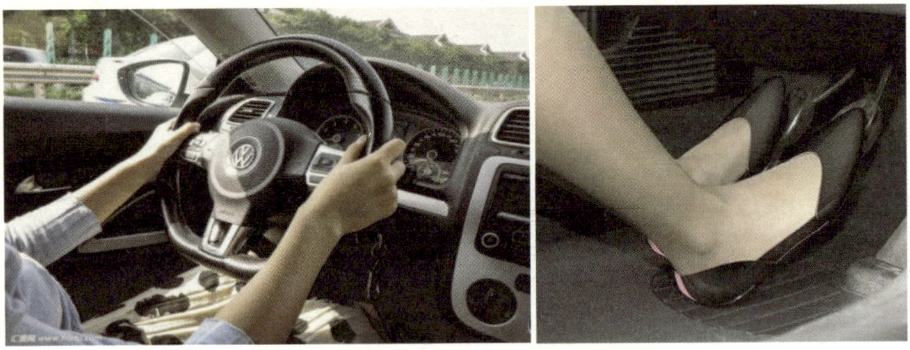

图6-51 驾驶员自主驾驶

2. 具有特殊功能的智能化（层次1）

该层次汽车具有一个或多个特殊自动控制功能，通过警告防范车祸于未然，可称为“辅助驾驶阶段”。这一阶段的许多技术大家并不陌生，比如车道偏离警告系统（LDA）、正面碰撞警告系统（FCW）、盲点信息（BLIS）系统。

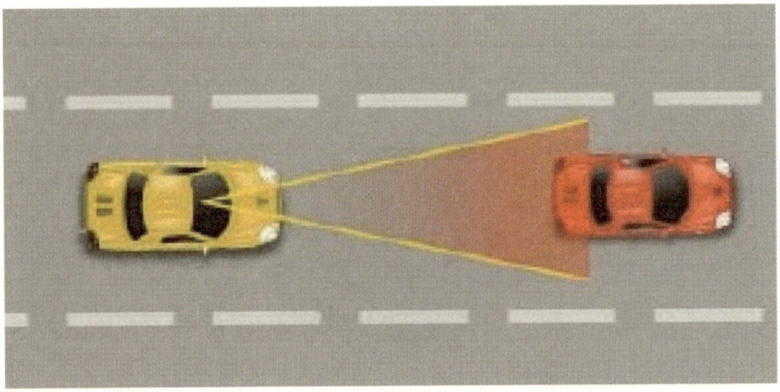

图6-52 正面碰撞警告系统（FCW）

3. 具有多项功能的智能化（层次2）

该层次汽车具有将至少两个原始控制功能融合在一起实现的系统，完全不需要驾驶员对这些功能进行控制，可称为“半自动驾驶阶段”。这个阶段的汽车会智能地判断司机是否对警告的危险状况做出响应，如果没有，则替司机采取行动，比如紧急自动刹车系统（AEB）、紧急车道辅助系统（ELA）。

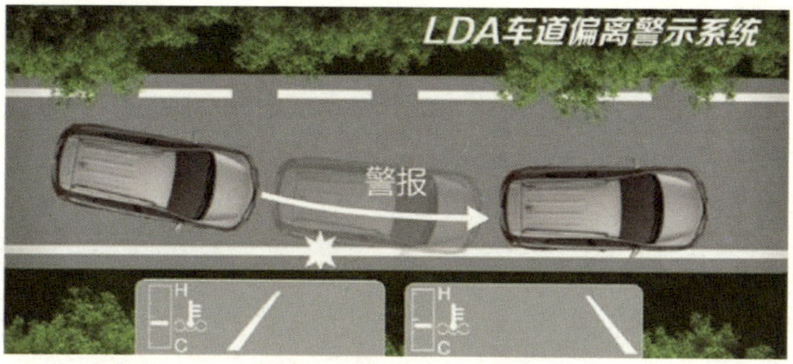

图 6－53　车道偏离警告系统（LDA）

图 6－54　紧急自动刹车系统（AEB）

4. 具有限制条件的无人驾驶（层次 3）

该层次汽车能够在某个特定的驾驶交通环境下让驾驶员完全不用控制汽车，而且汽车可以自动检测环境的变化以判断是否返回驾驶员驾驶模式，可称为“高度自动驾驶阶段”。

图 6－55　车载交互系统

5. 全工况无人驾驶（层次 4）

该层次汽车完全自动控制车辆，全程检测交通环境，能够实现所有的驾驶目标，驾驶员只需提供目的地或者输入导航信息，在任何时候都不需要对车辆进行操控，可称为“完全自动驾驶阶段”或者“无人驾驶阶段”。

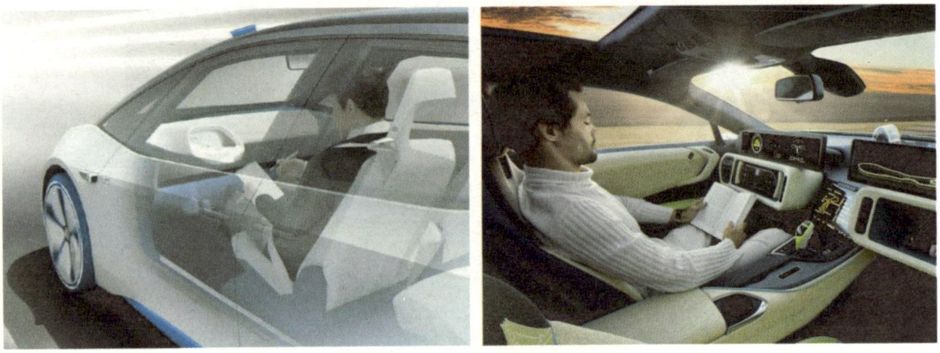

图 6 - 56 完全自动驾驶

至 21 世纪中叶，无人驾驶汽车将占据全球汽车保有量的主导地位，汽车交通系统概念将迎来变革，交通规则、基础设施都将随着无人驾驶汽车的出现而发生剧变，智能汽车可能颠覆当前的汽车交通运输产业运作模式。